임종,
어떻게 맞이할 것인가

임종,
어떻게 맞이할 것인가

인광·홍일 법문 | 각성 감수 | 박병규 외 옮김

극락 왕생을 위한 임종 안내서

운주사

死

學道之人念念
不忘此字則道
業自成

釋印光書 時年八十

불법을 닦는 이들은 생각생각 '죽을 사死', 이 한 글자를 잊지 말진저.
그럴진대 도업은 자연히 성취되리라. 석인광 씀, 80세 때.

우리가 염불하여 서방정토에 왕생한다면, 그곳에서 아미타불과 똑같은
무량무변의 지혜와 수명을 누리게 된다. 인광 씀.

서방삼성도西方三聖圖

나무대세지보살 나무아미타불 나무관세음보살

임종 시 가장 필요한 조념염불

일심一心의 영원靈源은 담적湛寂하여 고금이 본래 없고 생사도 또한 없다. 그러므로 본래 생사가 없다(本無生死)고 말한다. 그러나 범부중생들은 일심을 미迷하여 허망하게 모든 업을 지어 생사의 괴로운 과보를 받는다.

그를 해탈하도록 묘법妙法을 말한 교문教門에서는 불지견佛知見을 열어주고(開), 보여주고(示), 깨닫게 하고(悟), 들어가게 하는(入) 것을 일대사인연一大事因緣이라 하고, 선문禪門에서는 염기염멸念起念滅함을 생사라고 하여 그 생사를 타파하라고 가르친다. 그러나 상근대지上根大智가 아니면 그 생사를 쉽사리 벗어나지 못한다.

한 살 된 어린아이는 어른인 부모에게 의지해야 살아갈 수가 있고, 먼 바다와 높은 창공을 비행하여 몇만 리의 먼 나라에 빨리 도달하려면 가장 좋은 비행기를 타야 되듯이, 생사고해를 벗어나는 데는 부처님께 의지하여 염불왕생(念佛往生: 극락세계의 아미타불께 귀의歸依하여 극락에 왕생하는 것)하는 반야선般若船의 묘법보다 더 좋은 법은 없다.

본래 생사가 없으나 생사의 고통을 받는 이에게는 그에 관한 처방이 절실히 필요하다. 사람으로 태어날 적에는 사람이 되는 것은 기정사실이나, 거기에는 산부인과 의사와 산파와 조산원의 도움이 필요하기에 이 문명사회에 사는 이들은 그곳을 찾아가고 그들의 도움을 받는다. 그러나 그보다도 가장 중요한 시기는 임종할 때이다. 왜냐하면 목숨을 거둘 때에 범부가 되느냐(육도에 윤회함) 성인이 되느냐(극락왕생하여 윤회를 벗어남), 사람이 되느냐 귀신이 되느냐, 축생이 되느냐 수라가 되느냐, 악도에 떨어지느냐 선도善道에 나아가느냐를 결정짓는 기로에 있기 때문이다.

『임종, 어떻게 맞이할 것인가』(『임종삼대요臨終三大要』와 『인생의 최후(人生之最後)』), 이 책이야말로 거기에 관한 절실한 처방 중의 가장 좋은 처방이다. 탄생할 때에 조산의 도움이 필요하듯이, 임종 시에 가장 필요한 조념(助念: 염불로 왕생을 돕는 일)의 도움을 등한시할 수 없다.

열반에 들어가는 요문, 고해를 벗어나는 자선(慈航: 入涅槃之要門, 越苦海之慈船)이 '무상계無常戒'에만 있는 것이 아니라, 바로 이 책이 '무상계'보다 더 좋은 요문이며 자선이 아닐 수 없다.

간절히 강호제언江湖諸彦에게 부탁드리고 바라는 바는, 이 책을 보고 깊이 깨달아서 존친尊親과 친족에게 마지막 최후의 효도와 명복을 빌어주는 마음에서, 임종하는 이들이 사람이 되고, 선도선道善에 들어가고, 성인聖人이 되고(세 가지가 모두 극락왕생에 달려 있다), 생사고生死苦를 해탈할 수 있도록 도와주는 일이다.

끝으로 한 가지 더 첨가하여 부탁할 말은, 『정토진요淨土津要』와 『정토극신록淨土極信錄』 등에서 피눈물로 호소하여 말했듯이, 화장火葬하려면 7일 이후에 해야 되고, 영안실靈安室에 안치할 때에도 너무 냉각시키지 말고 6도 이하, 1도 정도에서 하는 것이 가장 좋다는 점이다. 왜냐하면 삼혼칠백三魂七魄·육식六識·칠식七識·팔식八識이 7일 내에 다 완전히 떠나지 못한 경우에는 말을 못해도 화열火熱·냉각冷却의 고통을 느끼므로 화장하여 너무 뜨거우면 물을 찾아가서 수중고혼水中孤魂이 되기 쉽고, 냉각하여 너무 차가우면 한빙寒氷지옥 같은 고통을 받게 되어 그로 말미암아 그 심신心神이 악도惡途에 떨어질 우려가 있기 때문이다.

영원靈源이 담적湛寂한데 무슨 그런 말들이 필요하냐고 말할지 모르나, 허망한 업業으로 허망하게 생사고生死苦를 받는 이에게는 춥고 더움을 예측할 수 없는 지역에서의 동월선자冬月扇子가 필요할 수도 있기 때문이다.

나무아미타불 나무아미타불 나무아미타불

2014년 5월
화엄학연구원
원조 각성圓照覺性 근지謹識

제1부

임종 때 중요한 세 가지 일
(臨終三大要)

첫째,
임종하는 사람을 선교방편으로 이끌어 안심하게 하고
위로하여 바른 믿음을 내도록 하며,
병든 이에게 간절히 권하여
일체 만사를 잊어버리고 일심으로 염불하게 할 것.

둘째,
여러 사람들이 몇 개 반으로 나누어 염불하여
임종인의 염불심을 도울 것.

셋째,
절대로 임종인을 다른 곳으로 옮기거나 움직이지 말고
또한 곡哭을 하지 말며
일을 그르치지 않도록 할 것.

인광 대사 전기

인광 대사(印光大師, 1862~1940)는 중국불교 연종(蓮宗: 정토종의 별칭)의 제13조로서 섬서성陝西省 합양郃陽 사람이다. 속성은 조씨趙氏이고 속명은 성량聖量, 자字는 인광印光이며, 별호別號는 '상참괴승常慚愧僧'이다.

젊은 시절에 유학을 공부하면서 정주학(程朱學: 성리학)을 좋아하여 불교를 배척하다가 눈이 멀게 되므로, 곧 맹렬히 반성하여 불전佛典을 공부하게 되었고, 참회하고 기도하는 지극정성으로 말미암아 눈병을 치유하였다.

나이 21세에 종남산終南山에 들어가 연화동사蓮華洞寺의 도순道純 장로에게 출가하여 사미계를 받고, 광서(光緒: 淸 德宗의 年號) 8년(1882)에 호북성湖北省의 죽계竹溪 연화사蓮華寺에 있다가, 조금 지나서 섬서성陝西省 흥안興安 쌍계사雙溪寺에서 구족계를 받았다. 26세에는 정토도량인 홍라산紅螺山 자복사資福寺에 들어가 염불하면서 여산 혜원(廬山慧遠: 정토종 초조)을 계승하는 수행자란 의미로 '계여산행자繼廬山行者'라 자호自號하여 그 뜻을 밝혔다.

그 후에 절강浙江의 보타산普陀山 법우사法雨寺에 있으면서 20여 년간 조석으로 장경藏經을 열람하며 염불만 하였고, 문달聞達을 구하지 않았으며, 두 차례나 문을 닫고 선정에 든 적이 있었다.

중화민국 원년(1912)에 「불학총보佛學叢報」에 투고하고 상참괴승常慚愧僧이라고 서명하였는데, 그 이름이 전역에 널리 퍼졌다. 민국 7년(1918)에 『안사전서安士全書』를 발간하려고 상해上海에 가서 태평사太平寺에 주석하였는데, 각 지방에서 많은 투고 부탁이 있어도 대사는 모두 다 자비로 받아 주었다.

대사는 평생 동안 정토를 홍양弘揚하면서 주지직을 맡지 않고, 권속을 두지 않으며, 대좌大座에 오르지 않는다는 삼대원칙三大原則을 굳게 지켰다. 그러면서 명리名利에 담박淡泊하고 각고근검刻苦勤儉하였으며, 항상 사람들에게 진실한 수행(염불)만을 가르쳤다.

나이 70에도 오현吳縣 보은사報恩寺에서 문을 닫고 정진하다가, 그 후에 비로소 대중에게 법문을 개시開示하였다. 보타普陀·청량淸凉·아미峨嵋·구화九華의 사대四大 명산지名山誌를 편찬하고, 또한 오현(吳縣: 강소성 소주시)의 영암산사靈岩山寺를 정토도량으로 개창하여 진달 화상眞達和尙으로 하여금 그 직무를 맡게 하니, 그로부터 중국 정토종의 제1도량이 만들어졌다.

그리고 영암산사에서 입적入寂하니, 세수는 80세였다. 다비한 후에 무수한 오색사리五色舍利의 꽃과 사리 구슬이 나왔다.

대사는 일생 동안 지조를 지킴이 근엄하였고 학덕과 행덕行德이 뛰어나 그의 감화를 받은 이가 많아서, 민국 이래로 지금껏 정토종의 제1존숙尊宿으로 널리 존경받고 있다.

세상에서 가장 참혹한 것은 죽음보다 더한 것이 없지만, 또한 세상에 그 누구도 능히 죽음을 요행히 면하는 사람은 없다. 그렇기 때문에 자신과 다른 이들을 이롭게 하려고 하는 마음이 있다면, 반드시 일찍부터 죽음에 대한 계책을 세우고 깊이 생각해야 한다.

실로 죽음이라는 것은 원래 가명(假名: 임시 현상적 존재)이며, 과거 생으로부터 감득한 과보가 다하여 이 몸뚱이를 버리고 다른 종류의 몸을 받는 것일 뿐이다.

불법을 모르는 사람들은 손을 쓸 묘책이 없어서, 그들은 다만 자신들의 업에 따라 유전할 뿐이다. 하지만 이제 여래께서 중생을 널리 제도하시기 위하여 말씀하신 정토법문淨土法門을 듣게 되었으니, 마땅히 진실한 믿음과 간절한 왕생의 원願을 세우고 염불하여 극락에 왕생할 밑천(資糧)을 미리 준비함으로써 생사윤회의 환고幻苦를 면하고, 열반상주涅槃常住의 참다운 낙을 증득할 것을 계획하여야 한다.

만약에 부모형제와 권속들이 중병을 얻어 그 치유가 어렵게 되었다면, 마땅히 효순자비孝順慈悲의 마음을 발하여 그 중병이 든 권속들에게 염불하여 서방정토에 왕생할 것을 구하도록 권하고, 아울러 그 권속의 왕생을 돕기 위하여 조념염불助念念佛을 해야 한다.

염불하고 또한 조념도 받아 바로 서방정토에 왕생하면, 그 왕생한 공덕과 이익을 어떻게 이루 다 말할 수 있겠는가!(너무나 이익이 커서 이루 말할 수 없다.)

나는 여기서 세 가지 중요한 사항을 제시하여 임종하는 사람이 반드시 서방정토에 왕생하도록 하는 근거로 삼고자 한다. 세 가지 중요 사항을 설명하는 말이 비록 거칠고 촌스러울지 모르나, 그 뜻은 부처님의 말씀을 기록한 경전에 바탕을 둔 것이다.

그러한 인연을 만난 사람(3가지 중요 사항을 들은 사람)은 모두 세 가지 사항을 그대로 실행해야 한다.

첫째는 임종하는 사람을 선교방편으로 이끌어 안심하게 하고 위로하여 바른 믿음을 내도록 하며, 병든 이에게 간절히 권하여 일체 만사를 잊어버리고 일심으로 염불하게 하여야 한다.

둘째는, 여러 사람들이 몇 개 팀으로 나누어 염불하여 임종인의 염불심을 도와야 한다.

셋째는, 절대로 임종인을 다른 곳으로 옮기거나 움직이지 말고 또한 곡哭을 하지 말며, 일을 그르치지 않도록 해야 한다.

만일 이러한 세 가지 법에 의지하여 그대로 행하면 결정코 숙세宿世의 업을 소멸하고 정토의 인연을 증장시켜 부처님의 이끌어 주심을 받아 서방정토에 왕생하게 된다. 한 번 서방정토에 왕생하면 바로 범부의 지위를 뛰어넘고 성인의 경지에 들어가고 (超凡入聖), 생사를 벗어나 점진적으로 닦고 나아가 반드시 불과佛果를 원만히 성취하게 될 것이다.

　이와 같은 이익은 모두 임종인의 권속들이 하는 조념염불의 힘에 의해서 이루어진다. 이와 같이 세 가지 중요 사항을 잘 실행하면 부모에게는 참다운 효도가 되고, 형제자매에게는 참된 우애가, 자식들에게는 참된 자애가, 친구에게는 참된 의리가, 다른 사람에게는 진정한 혜택이 된다.

　이렇게 함으로써 자신의 정토 인연을 배양하고 동료들의 믿음을 일깨우며 오래도록 닦게 된다면, 어찌 서로 간의 훈습으로 염불 공부의 미풍을 이루는 것이 어렵겠는가.

　지금 세 가지 중요 사항을 하나하나 설명하는 것은, 임종의 때를 당하여 어찌할 바를 몰라 허둥대지 않도록 하기 위해서다.

1. 좋은 방편으로 임종인이 믿음을 내도록 할 것

첫째는 임종하는 사람을 선교방편으로 이끌어 안심하게 하고 위로하여 바른 믿음을 내도록 하며, 병든 이에게 간절히 권하여 일체 만사를 잊어버리고 일심으로 염불하게 하여야 한다.

만약에 임종인이 누구에게 일을 대신 처리하게 할 일이 있으면 속히 대신하여 처리하도록 하고, 일단 대신함을 끝낸 후에는 그 일을 더 이상 생각하지 않게 해야 한다. 그리고 곧바로

'나는 지금 부처님을 따라 불국토에 왕생할 것인데, 인간세상의 부귀와 쾌락, 권속, 가지가지 허망한 환경은 모두 장애가 되며 화와 해로움을 초래하는 것이므로, 나는 마땅히 한 생각도 세상을 연모하는 마음을 내지 않을 것이다'

라고 생각하게 하여야 한다.

자기의 한 생각, 참마음은 본래 죽음이 없다는 것을 모름지기 알아야 한다. 이른바 죽음이라는 것은 지금 이 몸을 버리고 다시 다른 종류의 몸을 받는 것일 뿐이다. 만약에 염불하지 아니하면 곧 선악의 업력業力에 따라 다시 선도와 악도의 몸을 받게 된다.

(역자 주: 선도는 인간·천상을 말하고, 악도는 축생·아귀·지옥을 말한다. 아수라는 선도라고 하기도 하고 악도라고 하기도 하는데, 그 이유는 아수라가 닦는 원인과 과보를 얻음에 모두 선악이 뒤섞여 있기 때문이다.)

만약 임종 시에 일심으로 '나무아미타불' 염불을 하면 이 지성껏 염불하는 마음으로 반드시 부처님을 감동시켜 부처님께서 대자비심을 발하시어 임종인을 친히 영접하여 서방정토에 왕생케 하신다. 그리고

'나는 업력에 얽매인 범부인데, 어찌 잠깐 동안의 염불로 생사를 벗어나 서방정토에 왕생할 것인가?'

라고 의심하지 말라. 부처님께서는 대자대비하시니, 10악惡 5역逆의 지극히 무거운 죄를 범한 사람에게 임종 시 지옥의 모습이 나타나더라도, 만약 선지식으로부터 염불법문의 가르침을 받아 열 번의 염불이나 혹은 단 한 번의 염불만 해도 역시 부처님의 영접을 받아 서방정토에 왕생한다는 것을 알아야 한다.

이러한 사람(10악 5역의 죄를 저지른 사람)까지도 단지 염불 몇 번으로 극락왕생을 얻게 되는데, 어찌 업력이 중하고 염불한 수효가 적다고 하여 의심을 내는가?

모름지기 알아야 할 것은, 우리들의 본래 갖춘 참마음은 부처

24

님과 다르지 아니하나, 다만 미혹과 업장이 깊고 무거워서 이를 받아쓰지(受用) 못할 뿐이다. 이제 부처님께 목숨 바쳐 귀의하는 것은 마치 자식이 부모에게 돌아가는 것과 같나니, 나의 본래 고향집에 돌아감이 어찌 분에 넘친 일이라 하겠는가?

또 아미타불께서는 옛적에(과거 인행 시 세자재왕부처님 앞에서) 발원하시기를

"만약 어떤 중생이 나의 이름을 듣고 지극한 마음(至心)으로 믿고 즐거워하거나, 10번의 염불을 하고 극락정토에 왕생하지 않는다면 나는 결정코 정각을 이루지 않겠습니다."

라고 서원하셨다. 그러므로 일체 중생이 임종 시에 지성심을 발하여 '나무아미타불'을 염불하고 왕생하기를 구하면 한 중생도 빠짐없이 아미타불의 구원을 받는다.

부디 의심하지 말라! 의심하면 곧 자신을 그르치게 만드는 일이니, 그로 인해 입는 화는 적지 않다. 하물며 이 고통의 세계를 떠나 저 극락세계에 왕생하게 되는 것은 지극히 유쾌한 일이니, 마땅히 기뻐하는 마음을 내어야 한다.

부디 죽음을 두려워하지도 말 것이니, 죽음을 두려워한다고 해서 안 죽게 되는 것도 아니고, 도리어 그러한 두려움 때문에 서방정토에 왕생할 수 없게 된다. 왜냐하면 임종인 자신의 마음

이 부처님의 대자비하신 마음과 서로 어긋나기 때문이다. 부처님께서 비록 대자비를 갖추셨으나 또한 부처님의 가르침에 따르지 않는 중생에게는 어찌 하실 수가 없다.

만 가지 덕을 갖추시고 온 우주에서 가장 큰 이름이신 아미타불(阿彌陀佛 萬德洪名)은 마치 크나큰 용광로와 같고, 우리 중생들의 다겁多劫의 악업은 마치 허공에 흩날리는 조각 눈(空中片雪)과 같다. 업력이 있는 범부라도 염불하면 다겁생에 지은 악업이 곧 소멸되는 것이, 마치 조각 눈이 큰 용광로에 가까이 가면 흔적도 없이 사라지는 것과 같다.

또 염불하면 업력이 소멸함과 동시에 지은 바 선근도 저절로 엄청나게 증가하게 되나니, 어찌 서방정토에 왕생하지 못할까를 의심하고, 부처님께서 오시어 이끌어 주지 않으실까 하고 의심하는가?

이와 같이 진지하고 완곡한 법문으로 병든 이를 이끌어 주고 안위安慰해 주면, 병든 이는 스스로 바른 신심을 일으키게 될 것이니, 이것이 바로 병든 이를 바르게 인도하는 것이다. 자기 부모에게 효도를 다하고 지극한 정성을 다하는 길도 오로지 여기에 있는 것이다. 간절히 바라노니, 속정俗情에 따라 귀신에게 도움을 구한다거나, 의사에게 의존하여서는 절대로 아니 된다. 죽음을 당하여 목숨이 마치려 하는 때에 귀신과 의약이 대체 무슨 효험이 있어 죽음을 막을 수 있겠는가?

이렇게 속정을 따라 이익 없는 일(귀신에게 도움을 구하거나 의사에게 의존하는 일)을 하게 되면, 간절히 염불한 정성이 분산되어 부처님의 감응이 통하지 않게 된다.

허다한 사람들이 부모의 임종 시에 재물을 아끼지 아니하고, 많은 의원들을 불러 부모의 병을 살피게 하는데, 그것은 효를 파는 행동(賣孝)으로서, 세상 사람들이 자기 자신을 부모에게 효도를 극진히 다하는 사람이라고 칭찬해 주기를 바라는 것이라고 말할 수 있다.

그러나 천지귀신天地鬼神은 환히 그러한 마음을 비추어 본다는 사실을 알지 못한 것이다. 그러므로 부모의 장례를 너무 지나치게 치르면 천재天災는 없더라도 반드시 사람으로부터 입는 화(人禍)를 면할 수 없다.

자식 된 사람은 마땅히 주의하여 부모님의 신식(神識: 영혼)이 좋은 곳으로 갈 수 있도록 하는 데에만 치중할 것이니, 저렇게 세상 사람들로부터 칭송받는 일에 치중하는 것은 눈 밝은 사람의 한바탕 웃음거리도 못 되거늘, 하물며 갖가지 방법으로 세속의 칭송을 구하는 것은 실로 불효가 아닐 수 없다.

2. 여러 사람이 염불하여 임종인의 염불심을 도울 것

둘째는 많은 사람들이 몇 개 팀으로 나누어 염불함으로써 임종인의 염불심을 도와야 한다.

앞에서 이미 병든 이를 이끌어 바른 믿음을 일으키게 하였으나, 병든 이는 마음이 허약하다. 평소에 전혀 염불하지 않았던 사람의 경우에 계속적으로 장시간 염불하기가 쉽지 않음은 물론이고, 평소에 늘 염불을 해오던 사람도 임종 시에 이르러서는 전적으로 다른 사람들의 도움에 의지하여야 비로소 염불하는 힘을 얻게 된다.

그러므로 집안의 권속들은 마땅히 효순孝順과 자비慈悲의 마음을 함께 발하여 임종인을 위해서 부처님의 명호를 염송하여야 한다.

만약 병든 이의 마지막 순간이 아직 남아 있으면 마땅히 팀을 나누어 염불하되, 팀은 3개 팀으로 나누고 각 팀은 몇 사람씩 한정하도록 한다.

제1팀이 소리 내서 염불할 때(出聲念) 제2, 3팀은 묵념黙念으로 하면서, 이렇게 1시간 동안 정근精勤한다. 이어 제2팀이 소리

내서 염불할 때 제1, 3팀은 묵념으로 염불한다. 염불하는 중에 작은 일이 있으면 묵념 때 처리하면 되고, 발성發聲 염불할 당번이 되었을 때에는 절대로 자리를 뜨면 안 된다. 제2팀이 발성 염불을 마치면 제3팀이 이어서 발성 염불하고, 이와 같이 계속 이어서 염불한다. 이렇게 1시간 염불하고 2시간 쉬는 식으로 밤낮을 이어 염불하면 그렇게 힘들지는 않다.

마땅히 알아야 할 것은, 다른 사람을 위해 조념염불을 한 사람은 그 과보로 다른 사람의 조념염불을 받게 된다는 점이다. 또한 '이렇게 조념염불을 하는 것은 부모에게 극진한 효도를 할 때에만 해야 한다'고 말하지 말지니라. 부모가 아닌 다른 사람을 위해서도 조념염불을 하면 이로 인하여 또한 자신의 복전福田과 선근善根을 증장시키는 것이다. 이는 실로 자신에게 이익이 되는 길이며, 그저 남을 위한 헛수고가 아니다.

조념염불을 하여 한 사람을 정토에 왕생케 함은 바로 한 중생을 성불시키는 것이니, 그와 같은 공덕을 어찌 생각과 말로 다할 수 있겠는가!

세 팀이 서로 계속하여 염불 소리가 끊이지 않도록 하라. 병든 이가 염불할 힘이 있으면 그에 따라서 작은 소리로 염불할 것이요, 염불할 힘이 없으면 귀를 추슬러 염불 소리를 잘 듣게 하여 마음에 딴 생각이 없으면 자연히 부처님의 영접을 받게 된다.(스스로 부처님과 더불어 상응하게 된다.)

조념염불 소리를 너무 크게 하지 말 것이니, 크게 하면 기氣를 상하게 되고 오래 염불하기도 어렵다. 또한 염불 소리를 너무 작게 하지도 말지니, 환자가 염불 소리를 명확하게 경청할 수 없기 때문이다.

그리고 너무 빠르게 하지도 말고 또한 너무 느리게도 하지 말라. 너무 빠르게 하면 환자가 염불을 따라 할 수 없고 또한 염불 소리를 명확하게 경청할 수도 없으며, 너무 느리게 하면 기운이 연속적으로 오르지 않아 또한 이익을 얻기가 어렵다.

모름지기 너무 높지도 낮지도 않게 하고, 너무 빠르지도 느리지도 않게 염불하며, 한 자 한 자 분명하고 구절구절 맑고 깨끗하게 염불하여야 한다. 이렇게 하여 조념염불 소리의 자자구구 字字句句가 환자의 귀로 들어가서 마음에 사무치도록 하여 환자로 하여금 염불하는 힘을 쉽게 얻도록 하여야 한다.

염불의 법기法器는 오직 경쇠(引磬)만을 사용할 뿐 다른 일체의 도구를 써서는 안 된다. 경쇠 소리는 맑아 그 소리를 들으면 심지心地가 청정해진다. 그러나 목어木魚 소리는 탁하므로 임종 때의 조념염불에 사용해서는 안 된다.

또한 마땅히 4자 '아미타불'의 불호를 염송하여야 한다. 처음 염불을 시작할 때에만 6자 '나무아미타불'을 몇 번 염송하다가 나중에는 4자 '아미타불'만을 염송하고 '나무'는 염송하지 않는다. 왜냐하면 염송하는 자구의 숫자가 적어야 임종인이 따라 염불하기가 쉽기 때문이다.

환자가 조념염불을 따라 염불하든, 아니면 마음을 추슬러 듣기만 하든지 간에 모두 환자의 심력心力을 살펴서 해야 한다.(역자 주: 환자가 발성염불을 할 것인지, 아니면 마음을 추슬러 조념염불 소리를 듣기만 할 것인지는 오로지 환자의 심력 상태에 맞추어 자연스럽게 할 것이요, 억지로 어느 한 가지를 고집하면 안 된다.)

환자 집안의 권속들도 그와 같이 염불해야 하고, 외부에 청해서 온 선우善友들도 그와 같이 염불하되, 인원이 많든 적든 모두 동일하게 그와 같은 요령으로 염불해야 한다. 몇 번 염불하고서 쉬었다 다시 염불하여 환자의 염불심이 끊어지게 하여서는 안 된다.

만약 식사시간이 되면 팀을 나누어 교대로 식사하여 염불 소리가 끊어지지 않게 하여야 한다. 그러다가 환자가 막 숨을 거둘 때가 되면 마땅히 3팀이 한꺼번에 염불하여야 한다.

이제 숨이 끊어진 직후에는 다시 3팀으로 나누어 3시간 동안 염불한다. 『칙종진량飭終津梁』(임종안내서, 인광 대사의 저술)에는 환자의 숨이 멎은 후 가급적 오랜 시간 조념염불을 할수록 망자에게 좋다고 기재되어 있고, 근세 중국의 큰 선지식들은 망자의 숨이 멎은 직후에 최소한 8시간 길게는 24시간 동안 조념염불을 해야 한다고 말한다. 그렇게 한 후에 숨을 돌려 시신을 안치安置

하는 등의 일을 해야 한다.

염불을 할 때에는 마땅히 친족이나 우인友人들이 환자를 방문하여 환자에게 병세를 묻거나 위로하는 말을 하도록 해서는 안 된다. 기왕에 친족들이 환자를 연민하는 마음으로 문병을 왔으면, 마땅히 함께 짧은 시간 동안이라도 조념염불을 같이 하는 것이 환자에 대한 참다운 애정이며 환자에게도 유익한 일이다.

만약 세간의 속정俗情을 따라 방문객으로 하여금 환자에게 병세를 묻거나 위로하는 말을 하게 한다면, 이는 바로 환자를 고통 바다로 밀어 넣는 짓이다. 세간의 속정을 따르는 것은 비록 감사하지만, 그로 인한 결과는 심히 뼈아픈 일이다.

모든 것은 임종을 주관하는 사람이 그 도리道理를 밝게 알고, 방문하는 사람들에게 그런 도리를 미리 설명해 주어서 상면相面하는 이의 마음을 거슬리지 않고 환자에게 피해를 주지 않게 하며, 환자의 마음이 분산되어 왕생하지 못하게 되는 것을 피해야 한다.

3. 임종인을 다른 곳으로 옮기지 말고 울지 말 것

셋째는 임종인을 절대로 다른 곳으로 옮기거나 움직이지 말고 또한 곡哭을 하지 말며, 일을 그르치지 않도록 해야 한다.

환자가 곧 숨을 거두려고 하는 그때는 바로 범부·성인·사람·귀신 중 어디로 향할 것인지를 판가름하는 때이며, 천균일발(千鈞一髮: 삼만 근의 무게를 하나의 머리털로 지탱하는 것과 같이 위태롭고 중요한 상황)의 극히 중요한 때이다.

그때는 다만 부처님 명호로써 환자의 신식神識을 이끌어줄 것이요, 절대로 환자의 몸을 씻기거나, 옷을 갈아입히거나, 누운 자리(寢處)를 다른 곳으로 옮겨서는 안 된다.

환자가 앉고 눕는 것은 환자 자신에게 맡기고 다만 환자의 몸 상태에 따를 뿐, 절대로 환자를 조금이라도 이동시켜서는 안 된다. 또한 환자 앞에서 슬픈 표정을 짓거나 울어서도 안 된다. 왜냐하면 이때에는 환자의 몸이 전혀 자기 뜻대로 되지 아니하므로, 한 번 움직이게 하면 바로 그의 수족과 신체가 모두 비틀리고 꺾이고 묶이는 것과 같은 고통을 느끼게 되기 때문이다.

그렇게 고통을 느끼면 성내는 마음이 일어나고 염불하는 마음이 사라지게 되므로, 그 성내는 마음을 따라 대부분 독사毒蛇와 같이 독을 가진 부류의 몸을 받게 되니 지극히 두려운 일이다. 만약에 가족들이 비통하게 우는 모습을 환자가 보면 애정심愛情心이 일어나 염불하는 마음이 사라진다.

환자가 이렇게 애정심을 따라가면 그로 인하여 세세생생에 해탈하지 못하게 된다. 이때 가장 환자에게 이익 되는 것으로는 일심으로 염불함보다 더 좋은 것이 없고, 환자에게 가장 해로운 것은 망령되이 환자를 움직이게 함과 환자 앞에서 우는 것보다 더 나쁜 것은 없다.

만약에 망령되이 환자를 움직이게 하거나 환자 앞에서 곡哭을 하고 운다면, 그로 인하여 환자는 성내는 마음과 애정심이 일어나서 서방극락세계에 왕생하고자 하는 마음이 아주 사라져 버린다.

또 사람이 막 죽게 되어 신체의 열기가 밑에서 위로 올라가는 경우는 초승상(超升相: 극락왕생이나 천상의 몸을 받는 것)을 나타내는 것이고, 반대로 열기가 위에서 아래로 내려가는 경우는 타락상(墮落相: 아귀·축생·지옥 등의 몸을 받는 것)을 나타내는 것이다.

그러므로 "정수리에서 열기가 머물면 성자聖者가 되어 극락왕생함이고, 눈에서 열기가 머물면 천상의 몸을 받음이고, 심장에서 열기가 머물면 사람의 몸을 받음이며, 배에서 열기가 머물면 아귀의 몸을 받음이고, 무릎에서 열기가 머물면 축생의 몸을 받음이고, 발바닥에서 열기가 나가면 지옥으로 떨어짐이다"라는 말이 있다.

정말 많은 사람들이 정성을 다하여 조념염불을 하면 자연히 곧바로 서방정토에 왕생한다. 절대로 환자의 열기가 어디에 머물렀는지를 자주 살피지 말라. 왜냐하면 육체에서 환자의 신식이 완전히 떠나지 않았기 때문에 열기가 머문 곳을 살피기 위하여 임종인의 신체를 자꾸 만져서, 그로 인하여 혹시 환자가 살을 베이는 듯한 격렬한 고통을 느끼게 되면 그 마음에서도 괴로운 고통이 생길 것이고, 따라서 왕생하지 못하게 되기 때문이다. 그런 죄과罪過는 실로 무량무변하다.

간절히 도반들에게 권하노니, 각자 간절히 염불만 할 것이요, 환자의 열기가 마지막으로 어디에서 식었는지를 살피지 말지니라. 자식 된 사람으로서는 이 점에 유의해야 하나니, 이것이 참다운 효도이다.

만약에 세간의 가지가지 속정에만 의지한다면, 그것은 곧 부모님을 고해苦海로 밀어 넣는 것을 주저하지 않는 것이며, 일반인들의 무지하고 무식한 속정에 영합하여 뭇사람들로부터 그가 극진한 효도를 하였다고 칭송받으려고 한다면, 그러한 효도는 나찰녀의 애욕愛欲과 꼭 같다. 경에 이르시기를

"나찰녀는 사람을 먹는다. 나찰녀는 '나는 너를 사랑한다. 그러므로 너를 먹는다'고 말한다."

라고 하셨다. 저 무지한 사람들이 행하는 효도는 부모로 하여금 기쁨을 잃게 하고 고통을 얻도록 하는 것이니, 이 어찌 나찰녀가 사람을 사랑하는 것과 같지 않으랴?

   내가 이렇게 말하는 것은 인정人情을 가까이하지 말라(멀리함) 는 것이 아니고, 각자가 실제상의 이익을 강구하여 망자는 필히 왕생하고, 살아 있는 사람은 복을 얻게 함으로써 효자와 현손賢 孫들이 지극한 효심을 완수하기 바라는 일편혈성一片血誠에서 하 는 말이다. 말이 좀 격해진 것 같으나, 참다운 효도를 하고자 하 는 사람은 필히 이 점을 잘 살펴야 할 것이다.

   사람의 숨이 끊어지면 전신에 냉기가 돌게 되는데, 오로지 정 수리에서만 열이 난다면 이는 그 사람이 범부를 뛰어넘어 성인 의 경지로 들어가 생사를 벗어나는 것을 나타낸다. 만약 망자의 눈과 이마에서만 열이 있으면 이는 그 사람이 하늘세계에 몸을 받는다는 것을 나타낸다. 심장에서만 열기가 있으면 사람 몸을 다시 받음이고, 배에서만 열기가 있으면 아귀가 되고, 무릎 부위 에서만 열기가 있으면 축생의 몸을 받고, 발바닥에서만 열기가 있으면 이는 지옥에 떨어진다.

   사람이 생시에 지은 선악 두 가지 업에 의하여 이와 같이 나타나는 것이며, 이는 외부적인 세력에 의하여 임시적인 것으로 조작된 것이 아니다.

이때 만약에 환자가 능히 지성으로 염불할 수 있고, 다시 권속들과 좋은 벗들이 함께 조념염불 하는 힘을 보태면 결정코 업을 지닌 채로 극락에 왕생하며, 범부를 뛰어넘어 성인의 경지로 들어가게 된다.

모름지기 열기가 최종적으로 머문 곳의 징험을 찾으려고 하여 일을 그르치게 하지 말라.

지극히 부탁하고 지극히 바라마지 않는다!

인생의 마지막에 해야 할 일
(人生之最後)

홍일 법사 법문

홍일 대사 전기

홍일 대사(弘一大師, 1880~1942)는 중국의 남산율종(南山律宗: 당나라 때 도선道宣이 일으킨 율종)을 중흥시킨 명승名僧이다. 절강성 평호인平湖人이고, 속성은 이씨李氏이며, 이름은 광후廣侯이고, 호는 숙동叔同이다. 다른 이름으로는 성계成蹊라고도 불리었고, 자는 석상惜霜이며, 기타 문장이나 휘호에 별도로 쓰는 서명(別署)이 아주 많았다.

대사는 성정性情이 척당(倜儻: 만사에 걸림이 없음)·염순(恬醇: 아주 침착하고 순박하여 꾸밈이 없음)하였고, 시문사부詩文詞賦를 좋아하였으며, 그 외 붓글씨·그림 및 전각을 더욱이 즐겨하였고, 붓글씨에 있어서는 한위육조漢魏六朝의 비법을 터득하였다.

대사는 26세 때 일본으로 유학을 가서 상야上野미술전문학교에 입학하여 미술 공부를 하였으며, 이와 병행하여 음악도 연구하면서 춘류극사春柳劇社를 창단하였는데, 이것이 중국 신극운동新劇運動의 선구자적 역할을 하였다.

유학에서 돌아온 후에는 먼저 천진天津공업전문학당에서 교편을 잡았고, 그 후 다시 상해 주재 '태평양보太平洋報' 신문의 주필을 맡아 서화문자書畵文字로 혁명사상을 널리 전파하였다. 그후 다시 절강제일사범학교浙江第一師範學校의 초빙에 응하여 그곳에서 도화圖畵, 음악 등을 맡아 7년 동안 서양의 희극, 음악, 회화를 소개하여 첨단 기풍을 열었다.

민국 7년(1918), 대사 나이 39세 때 소장하던 모든 서적과 작품 붓글씨와 그림 등을 모두 사람들에게 나누어 주고, 또한 평생 작품으로 새긴 금석金石을 서령인사西泠人社의 석벽石壁에 넣고 봉한 후 그 벽에 '인장印藏'이라고 새겨 놓고, 바로 항주杭州 대자사大慈寺로 출가하여 료오了悟 스님에게 귀의하여 스승으로 모셨다.

얼마 안 있어 항주 영은사靈隱寺에서 구족계를 받고 법명을 연음演音, 호를 홍일弘一이라 하였다. 대사께서는 일찍이 승려들이 세간 사람들로부터 헐뜯음과 망신을 당하는 이유는 승려들의 계율위반 행위에 있음을 개탄하고, 이에 평생토록 계율을 정밀히 연구하기로 발원하였다. 처음에는 장경 중의 율律을 공부하고, 나중에는 오로지 남산율종南山律宗을 널리 펼쳤다.

대사의 몸가짐은 철저한 두타행(苦行)으로 일관하였는데, 늘 맨발이나 짚신으로 다녔고, 항상 혈혈단신으로 각처를 구름처럼 행각하고 경전을 강의하면서 불법을 널리 폈으며, 복건성 남쪽 지방에서 제일 오래 주석하였다.

민국 25년에는 구량위 섬(鼓浪嶼)의 일광암日光巖에서 폐관(閉關: 두문불출하고 한곳에 머물며 수행에 전념하는 것)에 들었고, 이와 병행하여 해외에 장경 만여 권을 청하였다. 민국 26년(1937)에는 항주의 정치와 행정을 맡고 있는 정치인, 관료들에 대하여 한편으로는 꾸짖고, 다른 한편으로는 타일러 그들의 '멸불滅佛' 논의를 종식시켰다.

그 후 다시 영춘永春 보제사普濟寺, 천주泉州 복림사福林寺에서 폐관에 들었다. 만년에는 만청노인晩晴老人·21노인二一老人이라고 자호自號하였다. 민국 31년(1942)에 진강晉江 온릉양로원溫陵養老院에서 시적示寂하였으니 세수 63세요, 법랍 24년이었다.

대사는 평생토록 인광 대사를 최고로 존숭尊崇하였기에, 인광 대사께서 하신 대로 대중을 거느리지 않았고, 사찰의 주지직도 맡지 않고 오직 대중에게 글씨를 써 줌으로써만 인연을 맺었다.

대사의 한평생 청순淸純·염담(恬淡: 고요하고 맑은 것)하며, 고고孤高·경개(耿介: 굳게 지조를 지키는 일)한 가풍과 규범이 중화민국 건국 이래 불교계에 미친 영향은 지극히 컸다.

대사의 저서로는『미타의소힐록彌陀義疏擷錄』,『사분율비구계상표기四分律比丘戒相表記』,『청량가집淸凉歌集』,『화엄연집華嚴聯集』,『계본갈마수강별록戒本羯磨隨講別錄』,『사분계주본강의四分戒本講義』,『남산도조약보南山道祖略譜』 등이 있다. 현재 세간에는『홍일대사법집弘一大師法集』이 전하고 있다.

인생의 최후

임신년(壬申年, 1932) 12월에 하문廈門의 묘석사妙釋寺 염불회에서 나에게 강연해 주기를 청하기에 이 원고를 쓰게 되었다.

그때에 요식了識 율사가 병들어서 일어나지 못하여 밤낮으로 괴로워하더니, 이 강연한 원고를 보고 슬픔과 기쁨이 교집交集하여 드디어 몸과 마음을 놓아버리고 모든 의약을 다 물리치고 힘써 염불을 하고, 아울러 병든 채로 일어나서 대비참大悲懺과 예배를 하며 높은 소리로 염송을 하고, 오랫동안 무릎을 꿇고 용맹정진 함이 보통사람보다 뛰어났다. 그를 보는 이와 듣는 이가 놀래고 기뻐하며 찬탄하니, 그 감동이 이와 같이 극렬하고 대단하였던 것이다!

내가 생각건대, 이 원고가 겨우 몇 장 안 되나 모두가 고금의 아름다운 말씀(嘉言)과 내가 경험한 바를 뽑아서 기록한 것이니, 간략한 것을 즐기는 이는 혹 취할 바가 있을 것이다. 그래서 이를 정리하여 인쇄에 부쳐서 유포하기로 한다.

홍일 연음弘一演音은 기록함.

서언

옛 시(古詩)에 이르되

내가 다른 이의 죽음을 보니
내 마음의 열기가 마치 불과 같네.
다른 이들이 죽음에 대하여 무감각하더라도
차츰차츰 나에게로 죽음이 다가오네.
(我見他人死 我心熱如火 不是熱他人 看看輪到我)

라고 하였다. 인생 최후의 한 가지 크나큰 일을 어찌 잠시라도
잊을 수 있겠는가!
이제 6장으로 나누어 아래와 같이 강술한다.

제1장 중병이 들었을 때

병이 심각해졌을 때는 마땅히 모든 가정의 일과 자신의 신체에 대하여 모두 깨끗이 잊고 오로지 아미타불을 염하면서 한마음으로 서방정토에 왕생하기를 희구希求하여야 한다.

만약에 그와 같이 하면 세상 인연이 다한 사람은 결정코 서방정토에 왕생할 것이고, 만약에 세상 인연이 다하지 아니한 사람은 비록 왕생을 구하였으나 오히려 병이 속히 쾌유될 수 있다. 그렇게 마음을 집중하여 지극정성을 다하였기에 과거 세상에 지은 악업도 소멸시킬 수 있다.

중병이 들었을 때에 만약 일체 만사를 놓아버리고 오로지 염불하지 않는다면, 수명이 다한 사람은 결정코 서방정토에 왕생하지 못하나니, 그것은 자기가 병이 낫기만을 구하고 왕생하기를 구하지 않았기 때문에 왕생하지 못하는 것이다.

만약에 수명이 다하지 아니하였다면, 이 사람은 오로지 병이 낫기만을 희망하였기 때문에 망령되이 걱정과 공포심을 자아냈으니, 병이 속히 낫지 않을 뿐만 아니라 도리어 병고가 더욱 심해지기만 할 뿐이다.

병이 중하지 않을 때는 약을 복용하여도 되나, 이때에도 다만 모름지기 염불에만 정진할 것이요, 약을 복용하였으니 병이 낫겠지 하는 생각을 가져서는 아니 된다. 이미 중병이 들었을 때는 약을 먹어서 될 일이 아니다.

내가 지난날에 중병이 들어 석실石室에 누워 있을 때 어떤 이가 나에게 의원을 부르고 약을 복용할 것을 권유하였는데, 이때 나는 게송을 말하며 사절하였다.

"아미타불은 위없는 의왕醫王이시다.
아미타불을 버리고 구하지 아니함은
소위 둔하고 미친 짓이다.
한 구절 아미타불은
아가타약(阿伽陀藥: 세상에서 제일 좋은 만병통치약)이니,
이를 버리고 복용하지 아니함은 크나큰 잘못이다."

평상시 내가 정토법문을 믿었기 때문에 다른 이를 위하여 지극히 정토법문을 강설하였다. 그런데 지금에 이르러 내가 병이 들었다고 어찌 평소와 반대로 아미타불을 버리고 의약을 구하겠는가. 이는 암둔하고 미친 짓이며, 크나큰 잘못이 아니겠는가!

만약 병이 중하여 고통이 극심하더라도 절대로 놀라거나 당황하지 말지니라. 왜냐하면 이 병고는 바로 과거세에 지은 업장으로 말미암은 것이거나, 미래세에 받게 될 삼악도의 고통을 바꾸어 금생에 가볍게 받음으로써 앞당겨 빚을 갚게 된 것이기 때문

이다.

중병이 들었을 때에 마땅히 자신이 소유하는 의복이나 기타 물건들을 다른 이에게 보시하라. 『지장보살본원경』 「여래찬탄 품」에서 이르신 "경전과 불상 등을 공양하라"는 말씀을 따르면 더더욱 좋다.

만약 어떤 이가 중병이 들었어도 신식神識이 오히려 맑으면, 마땅히 선지식을 청하여 그를 위하여 설법하여 그가 안심과 위안을 얻을 수 있도록 해주어야 한다.

또 환자가 금생에 닦은 모든 선업을 낱낱이 들어 상세히 말하고 이를 찬탄하여, 병자로 하여금 환희심을 얻도록 하고 어떠한 의심이나 걱정도 갖지 않도록 하며, 목숨을 마친 후에는 자신이 지은 착한 선업으로 결정코 서방정토에 왕생할 수 있음을 스스로 알도록 해야 한다.

제2장 임종할 때

임종할 때에 이르러서는 절대로 환자에게 그가 남기거나 부탁하고 싶은 말을 물어서는 아니 되며 또한 잡담을 해서도 아니 된다. 그로 인하여 환자가 애정에 끌리고 흔들려 세상을 탐내고 그리워하여 왕생함에 장애가 될까 두려워서이다.

만약에 환자가 유촉(遺囑: 유언)을 남기고 싶다면 마땅히 좀 건강할 때 미리 써서 보관해 두면 된다.

혹시 환자가 스스로 목욕하고 옷을 갈아입고 싶다고 말한다면 그가 하고 싶은 대로 하게 해주어야 한다. 만약 그렇게 하고 싶지 않다고 말하거나, 혹은 전혀 말을 할 수 없는 경우에는 억지로 목욕시킨다든지 옷을 갈아입히면 안 된다.

왜냐하면 보통의 사람들은 목숨이 다하기 전에 그 신체가 극심한 고통을 면할 수 없는데, 만약 강제로 환자의 침처(寢處: 누운 자리)를 옮기거나 목욕시키고 옷을 갈아입힌다면, 이로 인하여 환자는 극심한 고통에 더욱더 극심한 고통을 더하여 받게 되기 때문이다.

세상에는 서방정토에 왕생하기를 발원하였으나 임종 시에 그의 권속들이 그의 자리를 이동시키거나 소란을 피워 그의 바른 생각(염불심)을 파괴하여, 결국 서방정토에 왕생하지 못한 사람이 무수히 많다.

또 임종 후에 좋은 세계에 태어날 사람이 다른 사람의 잘못된 접촉으로 인하여 성내는 마음이 일어나 악도에 떨어진 예가 있으니, 경전에 기록된 바 아기달 왕阿耆達王이 죽어서 독사의 몸을 받은 것들이다. 이 어찌 두렵고 무섭지 아니하랴.

(역자 주: 아기달 왕 임종 시에 날씨가 더워 시종이 부채를 부치다가 실수로 부채가 왕의 얼굴에 떨어지자 왕은 심한 통증을 느끼면서 크게 성내는 마음을 일으켜 독사의 몸을 받게 되었다.)

임종 시에 혹 앉거나 눕는 것은 모두 환자의 뜻에 따를 것이요 강제로 앉히거나 눕혀서는 아니 된다. 만약에 기력이 쇠약함을 환자 스스로 느낄 정도라면 이내 침상에 누울 것이요, 남이 보기 좋게 하기 위해서 억지로 앉거나 일어나서는 안 된다.

원래 누울 때는 마땅히 머리는 북쪽으로, 얼굴은 서쪽을 보고 우측 옆으로 누워야 한다. 그런데 만약 위와 같이 고쳐 눕는 것이 신체의 고통을 수반한다면 얼굴은 동쪽으로 보고 좌측 옆으로 눕는 것도 환자의 뜻에 따라 맡겨 둘 것이고 강제로 고쳐 눕게 하여서는 안 된다.

많은 사람들이 조념염불을 할 때에는 마땅히 아미타불의 접인상(接引像: 부처님께서 중생을 서방정토로 이끌어 주시는 모습)을 환자의 침소에 걸어 두어 환자로 하여금 우러러 보게 하여야 한다.

조념염불을 하는 사람의 숫자는 많든 적든 관계없다. 많은 경우에는 반드시 팀을 나누어 염불이 끊어지지 않도록 해야 한다.

6자 '나무아미타불'을 하든 4자 '아미타불'을 하든, 빠르게 하던 느리게 하든, 이 모두는 미리 환자에게 물어 환자가 평소에 하던 습관 내지는 평소 좋아하는 방식을 따라서 염불함으로써 환자가 묵념으로 염불을 따라 할 수 있게 하여야 한다.

그런데 요사이 조념염불 하는 사람들을 보면, 모두 자기의 뜻에 따라서만 염불하고 환자에게는 묻지 않는다. 이것은 환자의 평소 염불 습관이나 좋아하는 방식과 어긋난 것이니, 어찌 환자가 염불을 따라 할 수 있겠는가.

나는 지금부터 조념염불을 하게 될 모든 이에게 이 한 가지 사실만은 절대로 마땅히 유의할 것을 바란다.

보통 조념염불 하는 사람들은 모두 경쇠나 작은 목어를 사용하는데, 나의 경험에 의하면, 신경쇠약자는 병이 들었을 때 경쇠와 작은 목어의 소리를 심히 두려워한다. 왜냐하면 그 소리는 날카로워 신경을 자극하여 오히려 환자의 신경을 편치 않게 하기 때문이다.

내 생각으로는 마땅히 경쇠와 목어를 사용하지 말고 오로지 음성으로만 조념염불을 하는 것이 가장 타당한 방법이다. 혹은 색

다르게 대종, 대경大磬, 대목어를 사용하면 그 소리들은 굉장히 크기 때문에 그 소리를 듣는 사람은 엄숙하고 경건한 생각(念)이 일어나게 되니, 실로 경쇠와 작은 목어보다 훨씬 뛰어나다.

다만 사람에 따라서 좋아하는 바가 다르므로, 이 일은 반드시 환자에게 미리 상세히 물어 분명하게 하여, 환자가 좋아 하는 바에 따라 그대로 시행하여야 한다. 만약 맞지 않은 것이 있으면 모두 수시로 고치고 변경하여야 할 것이요, 절대로 특정한 방식만을 고집하여서는 안 된다.

제3장 임종 후의 하루

이미 환자의 숨이 멎었다면, 이때 가장 중요한 것은 급히 시신을 옮겨서는 안 된다는 것이다. 비록 시신이 대소변 등으로 더러워졌다 하더라도 곧바로 씻겨서는 안 된다.

반드시 8시간이 지난 다음에 목욕을 시키고 옷을 갈아 입혀야 한다. 일반인들은 모두 이 점에 주의하지 않으나, 이는 대단히 중요한 일이다. 오직 바라노니, 모든 이에게 널리 권하여 이에 의거하여 삼가 행할 것이니라.

임종 전후에 가족들은 곡을 하여서는 아니 된다. 곡하는 것이 무슨 이익이 있겠는가. 조념염불에 전력을 다하는 것만이 망인에게 실다운 이익(實益)이 될 뿐이다. 만약에 곡을 하고 싶다면 환자의 숨이 멎고 8시간이 지난 후에 해야 한다.

'정수리에 열기가 남아 있으면 왕생의 징후'라는 등의 말은 비록 근거가 있기는 하나 이 또한 고집할 것은 아니다. 다만 환자가 평소에 믿음(信)이 진실하고 왕생하고자 하는 원顟이 참으로 간절하며 임종 시에 정념正念이 분명하였다면, 이로써 환자는 바로 극락에 왕생하는 것이다.

환자가 숨을 거둔 후 염불을 마쳤더라도 방문을 잠가 두어서 다른 사람이 방에 들어와 망자의 신체를 잘못 만지는 것을 단단히 방지해야 하고, 반드시 8시간이 지난 후에 목욕을 시키거나 옷을 갈아입혀야 한다.

이미 앞에서 말했거니와, 지금 다시 간곡히 부탁하노니, 절실히 기억하고 절실히 기억하라! 숨이 멎은 후 8시간 안에 환자의 신체를 이동시키면 망인은 비록 말은 못하나 또한 극심한 고통을 느낀다는 것을!

8시간 후에 옷을 입힐 때에 만약 수족의 관절이 굳어져서 몸을 움직이는 것이 불가능하다면, 그때는 바로 시신을 따뜻한 물로 씻기고 천을 뜨거운 물에 담갔다가 짜서 이를 어깨·팔꿈치·무릎의 안쪽 굽은 곳 둘레를 에워싸면 오래지 않아 시신은 살아 있는 사람처럼 잘 움직이게 된다.

염을 할 때는 마땅히 입던 옷을 입힐 것이요, 새 옷을 입혀서는 안 된다. 새 옷은 다른 이에게 보시할 것이니, 그렇게 하면 망자는 복을 얻게 된다.

그리고 좋은 관을 사용하지 말고 분묘를 크게 하지 말지니, 이렇게 사치스럽게 장례를 치르면 그 모두가 망자에게 이롭지 않다.

제4장 망자를 천도하는 일

49일이 될 때까지 스님들을 초빙하여 망자를 천도遷度케 함에는 오로지 염불을 위주로 해야 한다. 경전 독송·참회·예배·시식·수륙재 등의 작법이 비록 불가사의한 공덕이 있긴 하나, 요사이 승려들은 번잡한 의식문만 늘어놓은 것으로 일을 마치고 여법如法하게 아니 하니 진실한 이익은 적다.

『인광법사문초印光法師文鈔』가운데서는 누누이 위의 문제점들을 지적하고 훈계하고 있다. 이른바 그것은 허울 좋은 짓이며 헛된 가식일 뿐이다. 만약에 오로지 염불에만 전념한다면 곧 누구나 다 염불할 수 있고, 이것이 가장 절실하여 막대한 이익을 얻을 수 있다.

스님들을 모셔서 염불할 때에는 마땅히 가족들도 스님들을 따라서 염불해야 한다. 다만 여자들은 마땅히 각자의 방에서 염불하거나, 같은 장소에서는 휘장을 치고 염불하여야 다른 사람들의 나무람을 면할 수 있다.(편집자 주: 이 당시는 남녀유별이 뚜렷한 시기였기에 이런 표현을 한 것이라 본다. 지금은 이렇게까지 할 필요는 없다.)

무릇 염불 등 일체 공덕을 모두 법계의 일체 중생을 위하여 널리 회향하여야 한다. 그런즉 그 공덕은 능히 광대하게 되어 망자가 얻는 이익이 다시금 증장增長된다.

조문을 받을 때에는 반드시 청정한 채소만을 사용할 것이요, 강열한 맛이 나는 마늘, 정구지 등을 사용하여서는 아니 되며, 짐승이나 어류를 잡아서 손님에게 대접하면 망인에게 크게 불리하다.

출상出喪 시 만장輓章 등을 씀에 있어서는 너무 겉치레를 하여서는 절대 안 된다. 산 사람의 눈에 보기 좋게 하려고 하지 말 것이고, 마땅히 망자에게 복이 되게 해야 한다.

49일 이후에도 역시 항상 극진한 효도를 다하여 천도를 행하여야 한다.

연지 대사(蓮池大師: 연종 제8조)께서 말씀하시기를

"연중年中에 항상 선망 부모님을 천도하여야 한다. 이미 해탈하셨다고 천도를 행하지 않으면 안 된다."

라고 하셨다.

제5장 임종 조념염불회를 발기할 것을 권청함

임종 조념염불회, 이것이 가장 절실하고 중요하니, 경향 각지에서 많이많이 설립해야 한다.

　이에 관해서는 인광 대사께서 간행하신 『칙종진량(飭終津梁』(임종 안내서)에 상세히 적혀 있으니, 이것을 꼭 읽어 주시기 바란다.

제6장 결어

남은 해도 다 가고, 오래지 않아 바로 납월臘月 30일이 될 것이니, 이때가 일 년의 최후, 일생의 최후이다. 만약 재물과 돈을 미리 준비하여 두지 아니하면 채권자가 시끄럽게 찾아올 것인데, 이때에 어떻게 대처할 것인가?

우리들의 목숨이 다할 때가 바로 일생의 납월 30일이요 인생의 최후이다. 만약에 장차 왕생할 밑천을 미리 준비하여 두지 아니하면 반드시 허둥지둥 어쩔 줄 모르고 '아버지·어머니'를 부를 것이고, 다생 동안 지은 악업이 한꺼번에 눈앞에 나타나면 여기서 어떻게 벗어날 것인가?

임종 시에 비록 다른 이들의 조념염불을 믿는다 하더라도 모든 일은 여법如法하게 해야 한다. 다만 스스로 평소에 믿고 발원하고 부처님 명호를 지니는 등 수행을 잘 닦아 준비한다면 임종에 이르러도 구애됨 없이 자재自在하게 된다.

모든 인자仁者들에게 권하노니,
제일 중요한 것은 일찍부터 미리 준비해 두는 것이 가장 좋다는 것이다.

제3부

정토왕생 영험록

만법 김상근·서현 스님 외 번역

중생의 고통을 대신하기로 원을 세운 방 거사

방양추方養秋 거사의 본명은 면황綿晃이며, 광동 조안潮安 사람이
다. 태어난 품성이 담박하여 조용하고 별 욕심이 없었으며 친구
사귀는 것조차 좋아하지 않았다.

홍콩에 나가서 장사를 하였는데, 재난 당한 사람을 구제하는
일이나 교육사업 같은 일에는 빠지지 않고 동참하여 노역이라도
거들었다.

중년에는 삼보에 귀의하여 선교와 밀교(禪密) 할 것 없이 불법
을 널리 공부하였다. 그리하여 일찍이 허운虛雲·원영圓瑛·태허
太虛·굉원宏願 등 여러 대사님들을 두루 참례하였다. 뿐만 아니
라 홍콩불교학회와 거사림 자항정원의 설립에 적극 협력하였고,
또 남회사 등을 수리 정돈하는 데 있어 그의 공덕은 일로 다 헤
아릴 수가 없다.

마지막에는 인광 대사(印光大師: 1862~1940, 정토종 제13대 조
사)께 귀의하여 전 가족이 모두 계를 받고 채식을 하였으며, 경
건하고 정성을 다하여 정토법문을 닦았다. 또 『학불진량學佛津
梁』이란 책을 저술하여 처음 불교공부에 들어온 사람들을 많이

이끌어 주었다.

중화민국 31년(1941) 겨울에 일본군이 구룡을 침략하여 홍콩을 공격할 때에, 포격이 맹렬해지자 전 가족을 피난시키고 그의 아들 방업광만 남아 곁에 있게 하였다.

방양추는 말하였다.

"삼계화택을 남보다 먼저 떠날 수만 있다면 그 얼마나 행운이겠느냐! 너도 전심전력으로 극락세계에 왕생할 것을 발원하여라. 나는 일찍부터 중생의 고통을 대신하기로 원을 세웠기 때문에 마음에 별로 두려움이 없다."

그리고 매일 예불하고 염불하기를 그치지 않았다. 12월 18일 저녁 7시에 일본군의 포탄이 그의 집에 떨어져 집이 무너지고 방양추도 뇌를 다쳐 피가 멈추지 않았다. 그의 아들이 약을 구해다 바쳤으나 그는 약 복용을 거절하고 염불만 계속하였으며, 그의 아들에게 곁에서 도와 염불해 달라고 말하였다.

9시가 되자 더욱 급하게 염불을 하며 "부처님이 오셨다! 부처님이 오셨다!" 하고 외쳤다. 그리고 합장하고 미소를 지으며 왕생하였다.

왕생한 후 발이 맨 먼저 차가워졌고, 다음으로 무릎과 가슴이 차가워졌으며, 머리는 최후에 차가워졌다. 그는 당시 59세였다.

「각유정 월간覺有情月刊」 11권 8기

정조정행正助淨行에 힘입어 안양에 왕생하기를

곽함재郭涵齋 거사의 이름은 진용振墉이고, 자는 곡이穀貽이며, 법명은 혜준慧濬이었다. 말년에 아호를 정계淨繼라 하였으며, 호남 상음湘陰 사람이다.

청淸 덕종德宗 광서光緖 19년(1893), 거인擧人에 급제하였다. 관직으로는 안휘성 후보도원과 고등검찰청 검찰장을 역임하였다. 신해혁명辛亥革命으로 중화민국이 건국(1911)된 후, 은퇴하여 호남성 장사長沙 동향東鄕의 징만澄灣에서 살았다. 평일에는 주로 저술활동을 하여 도를 논하는 등 자기 뜻에 상응하는 생활을 하였다.

일찍이 모금활동을 하여 수재민을 구제하였으며, 고아들과 가난한 여인들을 수용하는 수용소에 기부함으로써 많은 어려운 사람들이 생명을 보존하고 새 생활을 할 수 있게 하였다. 또 자선회와 목장과 방생지 등의 설립을 제창하여 생명을 지닌 동물들에게도 혜택을 베풀었다.

죽을 보시하거나 약물을 보시하는 등 자선행사가 있는 곳이면 언제나 빼놓지 않고 솔선하여 동참하였다. 그러던 어느 날,

홀연히 속세의 시끄러운 일들을 뒤로하고 불교경전 연구에 몰두하였다.

민국 15년(1926)엔 평생 채식을 하고 염불을 하기로 발원하고 인광 대사께 귀의하여 전문적으로 정토법문을 닦았다. 후에 남화사(南華寺: 6조 혜능이 주석한 광동의 보림사)를 참관하고 허운 화상(虛雲和尙, 1840~1959)을 스승으로 삼으니, 그의 불교에 대한 학문의 조예는 일취월장하였고 원력이 날로 원대해져 갔다.

해마다 『금강경』과 『아미타경』을 출판하여 법보시를 하였고, 대장경 여러 부를 모시어 여러 총림사원에 기증하기도 하였다. 더욱이 전심전력으로 규산潙山 밀인사密印寺의 보수와 녹산麓山 사리탑의 중건을 제창한 데 있어 그의 공덕이 가장 크다 하겠다.

동시에 보호연사普護蓮社의 창건을 제창하여 초급 불교인의 교화에 힘을 썼다. 또 화엄법회를 창립하여 시골 사람들의 정신 안정을 꾀하였고, 극락탑極樂塔을 건조하여 마침내 그의 해묵은 서원을 완성하였다.

1941년 12월 23일에는 자기가 직접 준비 중이던, 장차 묻힐 묘혈을 찾아가 둘러보고 돌아왔는데, 곧 몸이 좀 불편함을 느꼈다. 의사의 치료를 받고 약도 복용하였으나 별 차도가 없었다. 그러다 해가 바뀌었다.

정월 초이튿날에 병세가 위중해졌다. 고당사古唐寺 자안自安 큰스님과 정토연사淨土蓮社의 장흔張昕 거사 등을 모셔와 불당에서 예참염불을 하였다. 여러 자녀들이 모두 나와 빙 둘러 서서 아버지를 지켜보았다. 그때 곽함재 거사는 그들에게 "오늘 저녁에는 별 일이 없을 것이니, 모두 각자 침실로 돌아가라"고 일렀다.

초사흗날이 되자 홀연히 말하길, "귓속에서 무슨 소리가 들리는데, 외도外道 중생들이 시끄럽게 싸우는 소리 같다"고 하였다.

장흔 거사가 곽 거사를 대신하여 곧바로 불전에 나아가 팔뚝에 3주炷의 연비燃臂를 하여 숙세의 원한을 화해할 것을 기도하였다. 또 실내에 아미타불 성상을 모시고 승속僧俗이 함께 『지장경』한 부를 봉송하였다. 대중이 함께 봉송을 시작하자 곽함재는 기다렸다는 듯이 말하였다.

"마음이 아주 안정이 되어 편안하구나!"

그리고 곧 편안히 잠이 들었다.

초나흗날에는 식구들더러 영암산 묘진妙眞 화상께 정중히 편지를 쓰라고 지시하였다. 그 내용은, 큰스님께 곽함재 거사를 위해 불칠佛七법회를 여시도록 부탁하고 또 영암산에 보시하기로 약속해 놓고 아직 이행치 못한 공덕을 모두 완수토록 하는 등 여러 가지를 자세히 지시하였다. 그리고 스스로 만장에 쓸 글(輓聯)의 내용을 직접 지어 준비하도록 하였다. 그 내용은 다음과 같다.

"삼업三業을 그 누가 소멸시키겠는가. 원하건대 정조정행正助淨行에 힘입어 안양(극락)에 왕생하기를 바란다. 만 가지 인연을 이제 모두 놓아버리니, 인천人天 복의 업보를 받아 다시 사바세계에 들어가지 않기를 바라노라."

그날 오시(午時: 낮 11~13시)가 되자 식구들을 불러 발을 씻기게 하고 또 새 옷과 새 신발을 신기게 하였다. 그 후에 부축을 받아 침대에서 내려왔다. 그리고 천천히 부처님께 9차례 배례하였다.

동시에 사람들을 시켜 침상을 서방으로 향하도록 이동시켰다. 그리고 공손히 합장하고는 일부러 와서 조념염불 하는 모든 사람들에게 감사하다는 인사를 하였다.

저녁이 되자 자녀들더러 부처님 앞에 꿇어앉아 자기 팔에 삼주三炷의 연비를 하라고 팔을 내밀었다. 이어서 권속들과 승속들도 돌아가며 그의 팔에 모두 스물 한 주炷의 연비를 하였다.

이때 곽함재가 말하였다.

"지금 나는 너무 편안합니다. 모두들 아미타불 네 글자 성호를 불러주세요!"

이에 동참 대중들은 실내에서 일제히 큰 소리로 아미타불 성호를 조념하였다. 장흔 거사가 나서서 그를 안내하여 말하였다.

"극락세계에 아미타불께서는 실제로 계십니다. 결코 의심하지 마세요. 의심하면 곧 장애가 생긴답니다. 곽 공께서 힘써 닦은 정행淨行은 그 공덕이 결코 헛되지 않습니다. 또 부처님의 크신 원력도 또한 거짓이 아닙니다. 그러나 왕생의 시간은 반드시 정한 시간이 있으니, 마땅히 모든 것을 놓으시고 편안한 마음으로 기다리십시오. 인광 대사님께서도 왕생하실 때 오랜 시간 앉아 기다리셨어요."

곽함재는 장 거사의 말을 듣고 연상 고개를 끄덕끄덕하였다. 동이 틀 무렵, 장흔 거사가 또 불당 앞으로 나아가 그를 위해 지장보살을 염하고, 그의 귀 가까이 가서 그를 위로하였다. 그는 여전히 고개를 끄덕거리며 대답하였다. 그런 중에 홀연히 숨이 점점 희미해지더니, 이어서 편안하고 상서로운 분위기에서 운명하였다. 그날은 1월 5일 진시(오전 7~9시)였으며, 당시 그는 70세였다.

「홍화월간弘化月刊」12기

정토야말로 수행의 첩경

여명생余銘生 거사는 절강浙江 정해현定海縣 사람이다. 집에서
농사를 지었으며, 천성이 단순하고 소박하였고 불법이 무엇인
지도 몰랐다. 그러나 그의 아들 여정용余鼎鏞은 어렸을 적부터
불법을 신봉하였다. 아들은 1941년에 상해로 가서 원영(圓瑛,
1878~1953) 법사께 귀의하였으며, 전심으로 법문을 들은 것으
로 말미암아 정토법문이야말로 수행의 첩경이라 믿었다. 이에
불교거사림을 창건하고 대중에게 염불을 권하였다. 이때 여명생
도 불교의 가르침을 적지 않게 듣긴 들었지만 아직 실천하는 일
은 없었다.

1942년 1월 24일, 몸이 좀 불편함을 느꼈다. 아들 여정용은 곧
아버지에게 정토 십념왕생十念往生의 이치를 말씀드렸다. 이에
갑자기 믿음과 발원이 생겨, 일심으로 염불하며 정토에 왕생하
기를 구했다.

1월 29일, 그는 대중들에게 조념염불을 부탁하였다. 그리고
스스로 풍경을 치면서 큰소리로 염불을 하였다. 2월 초하루 저
녁에 그는 홀연히 웃으면서 말했다.

"방금 아미타불을 뵈었고, 서방세계의 말로 다할 수 없는 가지가지 광명의 수승한 정경을 보았다. 나는 연화대 위에 앉아서 칠보의 연못 위를 오락가락 그네처럼 흔들거려 아주 즐거웠다."

말을 마치고 침대 앞에 모신 불상을 향해 합장 예배하고 계속 말을 했다.

"아미타부처님, 연화대 위에 앉아도 됩니까?"

그는 부처님이 잡아서 끌어 주시기를 바라는 것 같았고, 연화대 위로 곧바로 올라가고자 하며 더 기다릴 수 없는 듯하였다. 누군가가 그에게 부처님 성호를 10번 외우라고 권하였다.

여명생은 곧 큰소리로 염불하기 시작하였다. 여덟 번째 부처님의 명호를 부르자 바로 기력이 지탱하지 못하는 것 같았다. 이어서 소리가 낮아지며 그저 소리 없이 묵념 상태로 들어갔다. 그리고 별안간 크게 웃으며 '좋다'고 하더니, 편안히 왕생하였다.

그때가 1942년 2월 2일 새벽 3시였다. 당시 나이는 49세였으며, 오전 9시가 되도록 그의 정수리(頂門)가 아직 따뜻하였다. 이튿날 염을 할 때에도 안색이 불그스레 윤기가 있었다.

「홍화월간」 13기

【덧붙이는 말】

병이 난 후에 처음으로 정토법문을 얻어듣고 임종 시에 일념이 간절하니 능히 삼계를 뛰어넘어 생사를 요탈了脫할 수 있었다. 만약 부처님의 원력에 의지하지 않았다면 어찌 이런 일이 있을 수 있겠는가!

세상에는 불법을 이해하지 못하는 사람들이 대부분 "10번 염불하여 서방정토에 왕생할 수 있다니, 세상에 어찌 이렇게 간편하고 편한 일이 있을 수 있느냐?"라고 말한다. 그러한 사람들은 불법을 한 번 듣고 곧 극락세계에 태어나기를 서원하고 또 굳은 신념을 갖게 되는 것은 이미 숙세의 근기가 성숙된 것임을 몰라 그러는 것이다. 그러니 의심할 필요가 뭐 있는가?

관세음보살은 서방극락세계의 접인도사

관형지關綱之 거사는 수십 년 관리 생활을 하다가 42세 되던 해에 삼보에 귀의하고 전적으로 정토법문을 닦았다. 그 후 20년이 되었지만 세상일에 바빠 공부가 처음 시작했을 때처럼 그렇게 근엄하고 세심하지 못했다. 그렇지만 부처님의 성호만은 수시로 염송하며 정토에 왕생하고픈 원력은 너무도 간절하였다.

1940년부터 자주 병석에 눕게 되고 기력이 떨어졌다. 1942년 봄에 진찰해보니 장암이었다. 5월 19일이 되자 병세가 악화되었다. 조박초趙樸初 거사를 모셔 와서 유언장에 서명하고 증명해 줄 것을 부탁하며 말했다.

"정토에 왕생하는 것이 어렵지는 않습니다. 이미 지금 한발 한발 다가가고 있습니다. 저는 항상 보타산의 하화지荷花池와 관세음보살 성상을 관상합니다. 여러 번 꿈에서 보았어요. 바라건대, 관세음보살께서 저를 고액苦厄에서 구제하시고 서방정토로 접인接引해 주시기를 발원합니다. 다만 병중이라 청정히 재계를 지키지 못하여서 그저 스스로 깊이 참회합니다. 이 생사대사를 정리하는 데 번거로우시지만, 조 선생께서 많이 도와주시기 바랍니다."

조박초는 서둘러 도반들과 조념염불을 준비하였다.

관형지는 말했다.

"감사합니다. 대중이 함께 와서 같이 관세음보살을 염하면 좋 겠습니다."

조금 후 덕삼德森 법사가 도착하자 희색이 만면하여 합장하고 또 말했다.

"스님께서 대중을 이끌고 저를 위해 전적으로 관세음보살을 염해 주십시오. 관세음보살님께서 오시면 먼저 보타산을 한 바 퀴 돌고 난 다음에, 다시 저를 극락으로 인도하도록 부탁드리겠 습니다."

그러나 덕삼 법사께서는, 그렇게 멀리 돌게 아니라 단도직입 적으로 아미타불을 염하여 아미타부처님께서 인도해 주시어 직 접 서방정토로 왕생하도록 하자고 권하였다.

관형지도 그게 좋겠다고 고개를 끄덕거렸다. 그러나 가솔들 은 그가 바로 타계하는 것을 원치 않고 병이 치유되기를 희망하 였다. 그래서 끝까지 관세음보살 성호를 염하기를 바랐고, 염불 칭호를 바꾸는 것을 원치 않았다. 덕삼 법사는 이에 핑계를 들어 그 자리를 떠났다.

이에 다시 흥자興慈 법사를 모셔와 법문을 들었다. 스님은 그 에게 법문하시기를 "입으로 염하고 마음으로 생각하면 관세음 보살님과 심심상인心心相印하여 극락왕생할 수 있다"고 말했다.

관형지는 웃으며 합장하고 말했다.

"업을 가지고 왕생하는 것이니, 변지화성邊地化城인들 어떻습니까? 저는 그도 흔쾌히 바라는 바입니다."

또 말하기를, "염불 소리가 너무 급하면 똑똑히 안 들립니다"고 하였다. 이에 홍자 법사는 대중들과 함께 천천히 염불을 2시간 동안 계속한 후 떠나갔다.

관형지는 말하였다.

"스님께서 염불을 해 주시니 기운이 납니다. 스님께서는 가시지 말고 여기 남아 주십시오."

오후에 법장사의 스님들도 오시고 거사림의 정토연우(염불도반)들도 왔다. 관형지는 그들에게 일일이 합장으로 인사하였다. 그리고 대중을 따라 염불을 하며 얼굴에는 희색을 띠고 말하였다.

"나는 이제 모든 것을 놓아버렸으니, 그만 가야겠다."

저녁이 되자 홀연히 또 말을 하였다.

"왜 이리 망념이 많을까! 관세음보살께서는 나타나지 않은 곳이 없다는데, 왜 아직까지 모습을 보이지 않으실까?"

조박초가 말했다.

"관세음보살님은 곧 자기 마음 안에 계시는 것입니다. 보이고 안 보이고를 상관 마시고 오직 관세음보살님께만 의지하시면 틀림없이 가피를 받을 것입니다."

이에 네팔의 관세음보살 성상을 침대 앞으로 모셔 왔다. 관형지는 성상을 보자 합장하고 큰소리로 "나무대자대비南無大慈大悲 광대영감廣大靈感 관세음보살觀世音菩薩!"을 소리쳐 염송하였다.

그리고 또 말하였다.

"방금 연지蓮池에 갔었는데 관세음보살님은 뵙지 못하고 그냥 돌아왔어요. 아마 업장 때문인가 봅니다."

이어서 대중더러 그를 위해 대참회문大懺悔文을 지송하고 보살님의 명호를 같이 지송해 달라고 청하였다. 대략 1시간이 지났을 때 그는 돌연 환호하였다.

"보살님께서 오셨습니다!"라고 말하고, 가족들에게 침대 앞에 꿇어앉으라고 하였다.

그리고 혼자서 말하였다.

"보살님께서 연지 가운데 계시고 연화로 둘러싸여 계신다. 지금 나는 너무너무 기쁘다."

곁에 있던 사람이 물었다.

"아미타부처님도 오셨습니까?"

"보이지 않아요. 그러나 관세음보살님은 아주 똑똑히 선명하게 보여요" 하였다.

이어서 합장하고 큰소리로 나무대자대비관세음보살을 염송하며 좌우 둘레를 돌아보면서 '누구 왕생을 원하는 사람 없느냐'고 하면서 있으면 '같이 가자'고 하였다. 그런 후에 시선은 허공을 주시하면서 더 이상 말을 하지 않았다.

이튿날 새벽에 홍자 법사가 도착하니, 여전히 손을 들어 예를

표하였다. 홍자 법사는 그에게 눈을 감고 정념靜念하라고 하고, 대중을 지휘하여 보살 명호를 염송하였다. 급하지도 않고 너무 느리지도 않게 염송하였다.

관형지는 점점 눈빛이 흐려지며 눈이 감겨지기 시작하였으며 입술은 조금씩 움직였는데, 대중을 따라 함께 염불을 하는 것 같았다. 스님이 또 그에게

"모든 인연을 다 내려놓고 일심으로 서방에 왕생하기만을 구하라"고 당부하였다.

그는 그러겠다고 하였다.

법사는 또 '부처님 명호가 잘 들리느냐'고 물었다. 관형지는 '그렇다'고 대답하였다. 낮 12시가 되니, 숨소리가 점점 희미해지면서 왕생하였다. 밤중 자정 이후까지도 그의 머리 정수리부분은 아직 온기가 있었다.

「홍화월간」 15기

【평왈】

관세음보살은 아미타불의 왼쪽을 보좌하시며, 아미타불과같이 서방극락세계의 접인도사이시다. 원래는 누가 높고 누가 낮고 하는 차별은 없다. 그러나 임종 시에는 대개 아미타불을 주로 염송한다. 평상시에 관세음보살 성호를 주로 지송하는 사람이 아니면 역시 아미타불을 염하는 것이 가장 중요하다.

●민국 진소정

조념염불과 스님의 개도開導로 왕생

진소정陳少庭 거사는 이름이 계장繼璋이며 호남湖南 영주永州 사
람이다. 강남에서 관리로 근무하는 아버지를 따라 강남에서 생
활하다가 아버지가 사망한 후 독립해서 살아갈 일을 찾았다. 그
러던 중 진강鎭江에서 쌀가게를 차렸으나 경영에 실패하여 남경
과 상해의 구제부유회救濟婦孺會에 취직하여 조사원이 되었다.

매번 배가 드나드는 시간이면 곤경에 처한 사람이 있지나 않
나 부둣가에 살피러 나갔다. 그럴 때면 가끔 운수행각雲水行脚을
나선 스님들이 선표船票를 살 돈이 부족하여 배에서 쫓겨나는 모
습을 보게 되었다. 그럴 때면 늘 문제 해결을 해주곤 하였는데,
그 수가 많아도 귀찮아하지 않았다.

1934년에 조유산曹幼珊 등 10여 사람과 같이 오대산에 참배를
갔다. 남대산 기슭에 이르렀을 때, 길 안내를 하는 한 노인을 만
났다. 노인의 안내로 먼저 고남대사古南台寺에 들렀다. 거기에서
미청彌淸 노화상을 만나 그에게 귀의하였다.

미청 법사가 말하였다.

"지난 밤 꿈에 발밑에 이룰 성成자가 있어서 어디서 제자가

오려나 보다 했더니, 오늘 정말 자네를 만났네. 그야말로 꿈에서 보인 징조와 일치하는군. 그래서 이름을 만성滿成이라 해야겠네."

저녁 공양을 마치고 산언덕에 올라가 지혜의 등불을 밝혀 주십사 기도를 했는데, 절을 세 번도 하기 전에 온 산에 불이 밝혀졌는데, 먼 곳에서부터 시작하여 가까이로 점점 다가와 바로 눈앞에까지 이르렀다. 이 영이靈異롭고 상서로운 광경의 감응을 보고 마음에 기쁨과 슬픔이 교차하였다.

다섯 개의 산정을 돌아다니며 진향進香 참배를 마치고, 광제암에 이르렀을 때 미청 법사께 귀의한 이야기가 나왔다.

마침 고남대사의 총무스님이 옆에 있다가 말하였다.

"미청 노화상께서는 제자를 받지 않으십니다. 전에 어느 관원이 많은 돈을 내놓고 스님께 귀의하겠다고 하였으나 거절하고 말았습니다. 그런데 이번에는 웬일로 귀의를 허락하셨는지 모르겠어요. 이건 참 기이한 일입니다."

진소정은 기이한 인연에 감사하며, 이로부터 발심하여 영원히 오대산의 신도가 되기로 하였다. 상해로 돌아온 후 조유산 등과 같이 모금을 하여 오대산에 공양키로 하였는데, 동참자가 수십 명이 되었다. 한 사람이 매년 30원씩 보시하기로 하였다.

그 후 항일전쟁이 발생하여 정세가 날로 악화되었다. 그동안 모아진 2만원으로 60묘畝의 논을 사서 오대산 승려들의 영구 도량道糧을 공급하는 토지를 희사하였다. 어느 날 도안 스님이 그에게 "장래 어찌할 것이냐?"고 물었다. 그는 "오대산에 가서 스님이 되려고 합니다"라고 하였다.

1942년 2월에는 "홀연히 죽어도 무주고혼이 될 것이니 앞날이 망망합니다"라고 스님께 말씀드리니, 스님께서 말씀하셨다.

"만약 임종 시에 주인 노릇을 할 수 있으려면 죽어서 돌아갈 곳을 정해야 하니, 마땅히 염불하여 정토에 왕생하도록 기도하세요."

이에 진소정은 바로 정토왕생을 구하기로 결심하고, 그날부터 매일 아미타불 일만 번을 염하였다. 4월 초나흘에는 정중하게 홍자 스님을 모시고 오계를 받았다. 7월 초사흘엔 이질 병이 났다.

14일에는 홀연 중풍까지 맞아 손발이 비틀리고, 또 입과 코가 비틀려 말도 못하고 음식도 제대로 먹기가 어려웠다. 16일에는 또 숨이 가쁜 증상까지 일어났는데, 호흡 곤란은 치료하여 조금 나았다. 22일 오후 3시에는 심기일전하여 홀연 웃으면서 소리쳤다.

"문수보살님이 오셨다!"

그의 처가 곁에서 말을 건네려 하자, 또다시

"아미타불께서도 오셨소. 빨리 도안 스님과 사람들을 초청하여 조념염불을 해 주시오!" 하고 말하였다.

말을 마치고 큰소리로 "나무아미타불"을 한 번 부르더니 이로부터 다시는 말을 하지 못했다.

도안 스님과 몇 사람이 들어오는 것을 보고 계속 미소를 지으며 인사를 했다. 스님과 동행인들은 침대 앞에 둘러 앉아 큰소리로 염불하였다.

스님이 진소정에게 묵념하라고 권하자, 그때마다 머리를 끄덕여 대답하였다. 11시가 되자 온몸에서 땀이 나며 숨을 헐떡거렸다. 전신이 모두 차가워졌으나 유독 머리와 가슴은 아주 따뜻하였다.

스님은 그가 왕생하거나 스님이 되겠다는 결심이 아직 굳지 않은 것이 아닌가 싶어, 그에게 다시 간절한 마음으로 설법하였다.

"사람 된 즐거움은 이미 충분이 경험했지 않았나요? 뭐 더 연연하고 탐낼 것이 있겠습니까? 지금이 생사의 긴요한 대목이니, 마땅히 빨리 마음을 정하고 일심으로 염불하여 왕생을 기원하세요. 더 늦어서 때를 그르치면 그때에는 후회해도 이미 늦습니다!"

부인도 곁에서 같은 말로 권하였다. 이에 심장 부위가 점점 차가워졌다. 12시가 되었다. 호흡의 간격이 점점 늘어졌다. 도반들은 그가 혼미해지는 것을 보고 염불 소리를 더 높여 그의 귀가에 들려주었다. 그가 숨이 끝날 때까지 아미타불을 찾는 뜻을 놓아버리지 말기를 바라는 뜻이었다.

오후 1시가 가까웠을 때 그는 왕생하였다. 오직 머리 정수리만은 따뜻하였다. 당시 그는 66세였다.

「홍화월간」21기

【평왈】

여러 날 말을 못하다가 임종 시에 말을 다시 할 수 있었다는 것은 부처님의 감응 가피를 받았기 때문이다. 오직 머리와 가슴만 따뜻하다는 것은, 인간의 마지막 신식神識이 가슴으로 나가면 내세에 다시 사람이 되는 것이고, 머리의 정수리로 나가면 극락왕생하여 성인이 되는 것이니, 이것은 그가 스님이 되는 것과 왕생하는 일에 대한 결심이 아직 결정이 안 된 연유인 것이다. 그러나 마지막에 스님의 간절한 법문으로 왕생하겠다는 결심이 섰기 때문에 가슴 부위가 점점 차가워지고 유독 머리의 정수리만 온기가 남아 있는 것이다. 이로써 임종의 조념 염불과 스님의 개도開導가 얼마나 중요한가를 알 수 있으니, 어찌 소홀히 할 수 있겠는가!

칭명염불로 서방정토에 왕생하다

왕경문王景文 거사는 이름이 옥순玉純이며, 대대로 요녕성遼寧省 수암현岫巖縣에서 살았다. 처음에는 농사를 짓다가 후에 장사를 하였다. 평소 선행을 좋아하고 보시하기를 즐겼으며, 불교를 신봉하였다.

53세가 되던 해부터 처자식들과 함께 발심하여 채식을 시작하였다. 자식들 중 둘째 왕초환과 넷째 아들이 불교를 공부하고 있었기 때문에, 염불하는 공이야말로 삼계를 뛰어넘고 육도윤회를 벗어날 수 있는 첩경이고, 가족들이 가장 쉽게 수행할 수 있는 법문임을 알았다.

이에 지성으로 정토의 행업行業을 수습修習하였고 칭명염불을 주로 하여 서방정토에 왕생하기를 구하였으며, 오매불망 하루도 염불을 중단하는 일이 없었다.

1942년 8월 27일, 서산에 사는 큰아들 집에 가서 저녁을 먹는데 갑자기 식사량이 감소되었음을 느꼈다. 다음 날 아침에는 아예 일체 식사를 거절하였다. 그리고 홀연히 말했다.

"내 몸이 너무 허약하여 이 세상에 오래 있을 것 같지 않다. 아마 9월도 못 넘길 것 같다."

그러나 그의 장남은 자기 아버지에게 특별한 질병이 없는 터라 이 일을 별로 주의하지 않고 흘려버렸다. 오후에 왕경문은 이 일을 자기 부인에게 말하였다. 마침 그때 곁에서 넷째 아들이 그 말을 듣고 깜짝 놀라며 말했다.

"이것은 아버지가 서방정토에 가실 것을 미리 아시고 때가 되었음을 말씀하신 것이니, 서둘러 뒷일을 준비해야 합니다."

이어서 어머니께 임종 시 입을 옷을 준비하라고 재촉하였다. 그리고 아버지께 지금 느낌이 어떠냐고 물어보고, 마땅히 맑은 마음으로 염불에 전념하고 다른 일은 생각하지 말라고 하였다. 왕경문은 대답하기를 "몸이 어디 불편한 곳은 없는데, 다만 밥을 먹기가 싫을 뿐이다"라고 하였다. 그리고 눈을 감고 말을 하지 않았다. 그러나 손가락은 가볍게 움직이며 멈추지 않았다. 아들이 또 낮은 소리로 아버지를 부르며 느낌이 어떠냐고 물었다. 그는 대답 대신에 "내가 말을 하지 않을 때에는 바로 손가락으로 염불 횟수를 세며 장단을 맞추는 것이니, 나를 귀찮게 하지 마라"고 하였다.

둘째 아들 왕초환은 안동성安東省 안동시에서 근무하였는데, 후에 안동성 봉성현鳳城縣으로 직장을 옮겨 근무하였다. 8월 29일 밤, 저녁식사를 마치고 침실에 들어가니 홀연히 아버지가 곁에 와 있는 듯 감응되었다. 그리고 아버지가 말하는 듯이 느껴졌다.

"나는 오늘밤 자시子時에 극락세계로 왕생할 것이다."

왕초환이 깜짝 놀라 말했다.

"만약 그러시면 저는 아버지를 뵐 수 없고, 아버님께서 왕생하시는 것도 배웅해 드릴 수가 없습니다."

왕경문은 말했다.

"걱정할 것 없다. 넷째가 이미 집에 돌아왔고, 임종의 모든 뒷일을 그 애도 잘 알고 있으니 잘 처리할 것이다. 뿐만 아니라 나는 이미 서산西山의 너의 형 집에 와 있다. 이곳이 비교적 조용하고 좋다."

왕초환은 즉석에서 합장하고 염불을 하였으며, 마음속으로 서쪽을 향하여 말하였다.

"만약 저희 아버지께서 장차 서방극락세계로 왕생하신다면 부처님께서 자비를 베푸시어 도와주십시오! 제발 우리 부자가 만나지 못하여 아버지가 왕생하시는 것을 배웅하지 못하게 하지 마십시오!"

또 순간 아버지가 말씀하시는 것 같이 느꼈다.

"내일 너는 너의 넷째 동생이 보낸 전보를 받을 것이다."

왕초환은 다시 말했다.

"내일 전보를 받으면 모레 오후에는 집에 도착할 수 있을 것이니 아버님께서 조금만 더 기다려 주시기 바랍니다."

다시 왕경문이 말했다.

"만약 그렇다면 내가 왕생하는 시간을 9월 2일 자시로 연기하여 너를 기다리겠다."

말을 마치고 왕경문은 나가는 듯 그곳에서 홀연히 사라졌다. 둘째 아들은 이튿날 정오에 과연 동생의 전보를 받았다. 이에 황급히 안동시로 돌아가려고 나섰으나 밤차가 없었다.

9월 1일에야 왕초환은 처와 자식들을 데리고 고향에 돌아갈 수 있었다.

아버지를 뵙고는 "지금 느낌이 어떠시냐?"고 물었고, 또 "여전히 평상시와 같이 염불하십니까?" 하고 물었다. 아버지가 대답하기를 "나는 병을 앓고 있는 것이 아니다. 부처님을 염하고 관하는 것을 잠시도 놓아본 적이 없다"고 하였다. 그리고 여전히 눈을 감고 묵묵히 염불하였다. 아들들이 서로 교대해 가면서 조념하였다.

밤이 깊어 자시가 되었다. 왕경문은 천천히 침상에서 일어나 단정히 앉아 서쪽을 향하여 염불하면서 편안히 왕생하였다.

당시 그의 나이는 80세였다. 그는 하루가 지나서도 여전히 살아 있는 것과 같이 앉아 있었다.

「홍화월간」 23기

염불은 공치는 일이 없다

주석승朱石僧 거사는 이름이 기祺였다. 일찍이 제한(諦閑: 1858 ~1932, 천태종 제43세 조사) 법사께 귀의하고 법명을 현가顯伽라 하였다. 후에 또 인광 대사께 귀의하여 법명을 지예智睿라 하였 다. 오랫동안 경호철로(京滬鐵路: 북경과 상해를 잇는 철도)의 역 장 등의 직책에 근무하였다. 1922년 상해불교거사림(처음 이름 은 世界佛教居士林)을 발기하여 성립시켰으며, 그 부림장副林長 을 맡았다.

항일전쟁이 발발하자 도반들과 불교제한회佛教濟寒會를 조직 하여 온 힘을 다하여 난민을 구제하였다. 기한飢寒·고고孤苦·질 병·빈곤 등에 처한 대중들에게는 누구를 막론하고 반드시 사실 을 조사하여 매월 일정액을 보조하였다.

그는 일생 동안 삼보를 홍보하고 보호하며, 기한과 빈곤에 처 한 사람들을 구제하는 데 온 심혈을 기울었다. 말년에는 지나친 과로로 항상 병고에 시달렸다.

1942년 10월 8일, 병세가 악화되자 영암산靈巖山의 묘진妙眞 화상이 이를 듣고는 특별히 거사림에 와서 상세하고 절실한 법문을 하였다. 스님은 주석승에게 "만 가지 인연을 모두 내려놓고 정념을 일으켜, 일심으로 염불하여 서방정토에 왕생하기를 구하라"고 당부하였다.

주석승은 스님의 법문을 듣고 매우 기쁘고 감동하여 당부하신 대로 봉행하겠다고 하였다. 10월 11일 진시(오전 7~9시)가 되자, 아들이 그에게 마음속으로 염불하고 계시냐고 물었다. 주석승은 고개를 끄덕이며 말했다.

"하고 있지! 나의 마음은 벌써 서방정토에 가 있다. 염불은 정말 공치는 일이 없다" 하고는 붓을 들어 "애비는 벌써 서방정토에 가 있다(父早歸西)"라고 써서 보여주었다. 그리고 손에 든 염주를 계속 돌리며 입술을 딸싹딸싹 가볍게 움직이며 염불을 그치지 않았다. 그렇게 하여 오시(낮 11~1시)에 이르러 대중의 염불 소리 속에서 편안하고 상서롭게 왕생하였다.

「홍화월간」 20기

● 민국 소혜안

인광 대사께 귀의하여 일심염불

소혜안邵慧安 거사는 원래 이름이 치안治安이었다. 처음에는 이교(異教, 外道)의 선천도先天道를 믿었다. 후에『인광대사가언록印光大師嘉言錄』을 본 후 비로소 삼보를 믿기 시작하였으며, 인광 대사께 귀의하여 일심으로 염불하여 서방정토에 왕생할 것을 구하였다.

1942년 봄에 차를 타다가 잘못하여 넘어져 다쳤는데 100여 일 치료 후 비로소 치유가 되었다. 9월 24일에는 자손自遜 화상의 다비식에 걸어서 찾아가 예를 올리고 또 예불에도 참례하였는데, 정신이 평상시와 다름이 없었다. 그런데 돌아와 심한 감기에 걸려 다시 일어나지 못하게 되었다. 그러나 염불만은 더욱 정진하며 한마음 한뜻으로 그저 왕생을 빌었다.

10월 12일, 스스로 때가 되었음을 알고 가솔들에게 조념염불을 해달라고 하였다.

저녁 초경(저녁 7~9시) 때가 이르자 소혜안은 집안 식구들에게 "지금이 몇 시냐?" 하고 물었다.

가족은 아무렇게나 "곧 날이 밝을 겁니다!" 하였다.

소혜안은 말하였다.

"나는 오늘밤 축시(새벽 1~3시)에 가련다."

말을 마치고 또 계속하여 염불하였다. 축시가 되자, 또 말하였다.

"아미타불과 여러 성인들께서 지금 내 앞에 계시고, 자손 법사님도 또한 나를 맞이하러 오셨다. 나는 간다!"

하고는, 이어서 소리를 높여 '나무아미타불'을 세 번 염불하고 난 후에 상서롭게 왕생하였다.

왕생한 후에도 얼굴은 생시와 같았다. 8시간 후에도 사지가 아직 부드러웠고, 몸은 차가웠으나 머리 정수리는 여전히 온기가 있었다.

「홍화월간」 31기

불칠佛七법회 거행 속에 왕생극락

양문란楊文瀾 거사는 법명이 이덕怡德이고, 절강浙江 오흥吳興 사람이다. 부모님은 자상하시고 불교를 신봉하였기 때문에, 양 거사는 어릴 때부터 좋은 가정교육을 받아 품성이 인자하고 중생의 이익에 힘썼다. 또 정토법문을 정수精修하기를 30여 년 동안을 이어오고 있었다. 부인과 자녀들도 모두 인광 대사께 귀의하였다.

1942년 여름이 되자 식사량이 줄어들며 정신이 쇠퇴하였다. 자녀들은 걱정이 되어 영암산사(靈巖山寺: 강소성 소주蘇州 영암산에 위치, 인광 대사가 주석한 정토도량)에 편지를 보내 부친을 위해 불칠佛七법회를 거행하되, 아버지께서 만약 수명이 남았으면 병세가 빨리 쾌유되어 심신이 편안하게 되도록 하고, 만약 수명이 다 되셨으면 직접 서방극락세계에 왕생하도록 축원해 주시기를 부탁하였다.

10월 18일 아침에 일어나 『아미타경』 1권을 독송하였다. 염불이 끝난 후 홀연히 가족들에게 말하였다.

"사바세계는 고뇌가 다함이 없으니, 나는 이만 서방정토로 가겠노라."

이어서 비구니 스님과 도우道友들을 모셔 와서 조념을 부탁하였다. 가족들도 조를 나누어 대중들과 함께 염불을 하였다. 19일 사시(아침 9~11시)가 되자 대중의 조념염불 소리 속에서 합장 염불하며 편안하고 상서롭게 왕생하였다.

유시(오후 5~7시)까지도 머리가 따뜻했으며, 이튿날 염할 때도 시신은 부드러웠고, 안색은 생시와 같았다.

「홍화월간」 19기

● 민국 역혜명

정토법문을 주력主力 수행으로 삼아

역혜명易慧明 거사는 강소성 남통南通 금사金沙 사람이다. 평소 장사를 하였는데, 점치는 미신에 미혹되어 있었다. 어느 날 호혜철 거사의 권유로 채식과 염불을 시작하여 정토법문을 주력 수행으로 삼았으며, 후에는 스스로 『정토요의淨土要義』란 책도 저술하였다. 거사는 정토를 믿어 의심치 않았으며, 영암산사의 인광 대사께 귀의하였다.

1933년에는 금사불교거사림金沙佛教居士林의 발기에 참여하였고, 이듬해 겨울에는 수계를 받았다. 거사림에 거주하면서 정토에 주력하며 정진을 게을리 하지 않았다. 방생·보시·인경·조성·불상 등 좋은 일에는 반드시 기꺼이 희사하였으며, 주머니를 여는 데 주저하지 않았다.

1942년 11월 1일, 아침예불을 마치고 나니 돌연 두통을 느끼며 머리가 어지러웠다. 이에 호혜철 거사에게 합장하며 말하였다.

"모레 신시(오후 3~5시)에 저는 서방정토로 가려 합니다. 거사림의 연우(蓮友: 정토수행 도반)님들을 모셔 오시어 저의 왕생을 좀 도와주십시오."

예정한 시간이 되자, 거사림의 연우들도 도착하여 염불을 하니 그도 대중을 따라 열심히 염불하였다. 신시가 되자 얼굴에 미소를 지으며 단정히 앉아 왕생하였다.

이튿날이 되어도 머리는 따뜻하였으며, 오후 7시가 되어 입관할 때에도 몸이 부드러웠고, 얼굴은 생시와 같이 여전히 미소를 거두지 않았다. 당시 그는 75세였다.

「홍화월간」46기[*]

* 이상의 10가지 정토영험 사례는 만법萬法 김상근金相根 거사님(한국외국어대 교수 역임)이 번역해 주었다. 거사님께 감사드린다.

진준언 거사의 염불 왕생극락기

{ 강술: 대만 오증 스님
  번역: 건봉사 서현 스님 }

오증悟證 스님은 진준언 거사의 누나로 1999년 6월, 싱가포르
에 이르러 정공淨空 노스님을 뵙고, 정종학회淨宗學會의 여러
법사들과 신도들에게 동생 진준언 거사가 암에 걸린 후 염불
하며 극락왕생한 수승한 사적을 발표하였다. 이 발표는 당일
동영상으로 촬영되어 인터넷에 소개되었는데, 아래 글은 이를
번역한 것이다.

　자비하신 사부상인(師父上人: 정공 법사), 자비하신 법사 여러
분, 법우대덕 여러분, 아미타불!
　저(悟證)는 대만으로부터 싱가포르에 이르러 동생 진준언 거
사가 염불하며 극락세계에 왕생한 진실한 사적事迹을 사부상인
께 말씀드렸습니다. 사부상인께서는 몹시 기뻐하시면서, 저에게
이곳에서 여러분들께 이 사적을 말씀드리라고 지시하셨습니다.
　이 사적은 제가 직접 겪은 일이기 때문에 여러분들께 증명해
드릴 수 있으니, 모든 분들에게 비할 바 없는 큰 믿음을 가져다

줌으로써 진정으로 믿음과 원력을 갖추고 염불하여 극락세계에
왕생하시길 바랍니다.

먼저, 여러분들께 동생 진준언 거사의 생애를 소개해 드리겠
습니다. 동생은 1967년 12월 13일 대만의 까우슝(高雄)시에서
태어났으며, 1997년 4월 21일 풍원豊原시의 자택에서 편안하게
왕생하였는데, 그때 나이가 31세였습니다. 그는 어려서부터 천
성이 총명하고 활발하였으며, 마음씨가 착하고 순박하였고 인정
이 두터웠습니다. 그리고 사람됨이 너그럽고 정직하였으며, 사
람을 대할 때 성실하고 겸손하였고 항상 양보할 줄 알았습니다.

부모님께 효도하고 스승과 어른들을 공경할 줄 알았으며, 그
어떤 안 좋은 습관도 없었습니다. 항상 자신의 몸을 깨끗이 하
여 세속에 물들지 않았고, 자신을 사랑할 줄 알았기에 부모님으
로부터 깊은 사랑과 흐뭇하게 여기는 마음을 얻을 수 있었으며,
스승과 어르신들의 칭찬과 동료들의 추대를 한껏 받을 수 있었
습니다. 참으로 요즘 젊은이들의 훌륭한 본보기라 할 수 있겠습
니다.

동생이 불법을 만나게 된 인연은 이러하였습니다.
모친께서 불교를 믿는 인연으로 저희 집안은 불화가정(佛化家
庭: 온 가족이 함께 불법을 믿고 실천하는 가정)을 이루게 되었습니
다. 동생은 삼보에 귀의한 후 아주 공경스럽게 삼보를 호지護持

하였고 보시도 자주 하였습니다.

그 후 제가 출가하는 인연으로 말미암아 사부님(淨空法師)이 강해하신『무량수경(불설대승무량수장엄청정평등각경佛說大乘無量壽莊嚴淸淨平等覺經)』및 기타 법문 테이프와 동영상 법문을 듣고 나서 사바세계의 오탁악세와 극락세계의 갖가지 의정依正장엄 및 우주와 인생, 그리고 육도윤회의 사실진상事實眞相에 대한 기본적인 인식과 이해를 갖추게 되었습니다.

하지만 바쁜 학업 때문에 우선 공부에 전념하고 힘써 향상을 꾀하기 위해, 또 스스로 아직 젊다고 여겼으므로 일단 학업 완성, 사업 성취, 생활 안정 등등 한걸음 한걸음씩 자신의 소망을 실현한 후에, 나이가 들면 그때 가서 불법을 배워도 늦지 않을 거라 생각하였습니다.

불법 및 인생의 가치와 중요성을 피부로 느끼지 못했기 때문에 생사대사生死大事에 대해 충분히 중시하지 못하고 경시했던 것입니다. 따라서 적극적으로 불법의 바다 속으로 깊숙이 들어가서 탐구하지 못하고 정성스럽게 부지런히 수행을 하지 못하였으며, 다만 가끔씩 염불을 하면서『무량수경』과 대비주(신묘장구 대다라니)를 독송하곤 하였습니다.

다음은 동생 진준언 거사가 병을 앓게 된 과정과 마음 상태를 말씀드리겠습니다.

1993년 8월 1일부터 1994년 7월 31일까지의 기간 동안 그는 중앙연구원 물리연구소와 협력하여 티타늄과 코발트 합금 및 그 얇은 막(薄膜)의 물리적 성질의 연구 작업을 진행하였습니다. 그의 성과는 많은 선배들로부터 높은 평가와 인정을 받았습니다. 병역兵役을 마친 후 곧 미국 뉴욕의 콜롬비아 대학에서 전기학을 전공하여 석사학위까지 받았으며, 졸업 후에는 미국의 AT&T회사에서 근무하였습니다.

그런데 1996년 9월 중순의 어느 날, 그가 갑자기 쓰러졌습니다. 직장 동료들의 도움으로 병원에 이송되어 구급치료를 받은 그는 뜻밖에도 위암에 걸렸다는 사실을 알게 되었습니다. 미국 의사로부터 병명을 듣고 난 후에, 그는 매우 차분한 태도를 보였습니다.

병실에 누워 염불을 하였으며, 날마다 『무량수경』을 독송하였습니다. 그리고 집으로 전화하여 오히려 부모님께 슬퍼하거나 걱정하지 말라고 위로하였습니다.

당시 암세포의 위치가 임파 조직을 상당히 압박하였으므로 상황이 매우 위급하였습니다. 의사는 신속히 수술을 해야 한다고 하였습니다. 그러나 홀로 타국에 있는 관계로, 부모님이 보살펴 주기에는 너무나 불편하였기 때문에 대만으로 돌아와서 치료를 받기로 결정하였습니다.

그 뒤 타이베이(台北) 영민榮民병원에서 검진을 받은 후에, 의사는 수술 후 생존율이 낮고 생활의 질이 매우 떨어질 것이라 말했습니다. 이 말을 들은 그는 즉시 이런 생활을 원치 않는다고 표명하였습니다. 왜냐하면 만약 수술 시 불행하게 염불할 겨를도 없이 갑자기 사망하면 육도윤회에 떨어져서 극락왕생을 망칠까 크게 염려했기 때문이었습니다. 그리고 암세포가 확산되지 않고 위와 식도의 일부를 절제한다고 볼 때, 설사 수술이 성공하더라도 상당히 긴 시간을 몸조리해야 하는데, 이 기간 동안 몸과 마음의 상태가 필연적으로 매우 떨어지므로 심력을 다하여 정성껏 염불을 할 수 없음을 걱정하였기 때문입니다.

또한 수명이 아직 얼마 남았는지도 알 수 없는데, 차라리 남은 생명을 잘 활용하여 체력이 남아 있을 때 집으로 돌아가 바싹 힘을 내어 열심히 염불해서, 부처님의 자비하신 원력을 의지하여 극락세계에 왕생하는 것만 못하다고 생각하였던 것입니다. 그래서 그는 우리와 상의하여 수술을 받지 않고 화학(약물) 치료도 받지 않기로 결정하고는 바로 집으로 돌아왔습니다.

부모님은 비록 마음이 내키지 않고 서운하였지만 평소 불법을 배워왔기 때문에 과감히 이 잔혹한 현실을 받아들이고, 그에게 온갖 반연을 내려놓고 한결같은 마음으로 염불하여 극락왕생을 구하라고 격려하셨습니다.

저 또한 평소 사부님의 가르침을 한마디 한마디씩 그에게 들려주자, 그는 곧 기쁜 마음으로 받아들였습니다. 저는 또 그에게 이렇게 타일렀습니다.

"사람은 누구나 태어남이 있으면 반드시 죽음이 있다. 본래부터 무상하여 언젠가는 우리 모두 이 길을 걸어야 하고 반드시 죽음과 대면해야 하는데, 그 누구라도 벗어나지 못한다. 부모님은 내가 잘 보살펴 드릴 테니 마음 놓고 걱정하지 말거라. 더구나 네가 극락세계에 왕생하면 일생에 불과佛果를 이루어 무량한 신통·지혜·도력을 갖출 수 있는데, 그래야만 진정으로 우리들을 보살피고 도와줄 수 있지 않겠느냐? 그러니 반드시 온갖 반연을 내려놓고 열심히 염불하여 극락세계에 왕생하기를 구해야 한다. 무엇보다 중요한 것은 육도에서 윤회를 하지 않는 것이다."

동생은 병원에 입원해 있으면서부터 비로소 채식하기를 발원하였습니다. 입원해 있는 동안 한의사를 찾아서 치료를 받은 적이 있는데, 퇴원을 하자 한의사는 모친께 쇠고기와 당근을 푹 삶아서 그에게 피를 보충해 줄 것을 요청하였습니다. 그러나 그는 차라리 목숨을 버릴지언정 중생의 고기를 먹지 않겠다고 고집하면서 더 이상 치료를 받지 않고, 다만 경련을 억제할 수 있는 약물과 제산제制酸劑만을 복용하였습니다.

처음에 그는 여전히 한 가닥 살 수 있을 거라는 희망을 갖고 있었기에, 선지식이 삼천 배를 하여 숙세의 업장을 참회하라고 권하자 곧 받아들였습니다. 하지만 삼천 배를 반쯤 하였을 때 또다시 출혈로 인해 병원에 실려가 수혈을 받게 되었습니다.

입원해 있는 동안 『지장보살본원경』 녹음테이프를 듣고 지옥의 갖가지 죄상罪相을 알게 된 그는, 금생에 반드시 생사를 해결하고 삼계를 초월하여 영원히 윤회의 속박에서 벗어나 극락세계로 왕생해야겠다는 신념을 더욱더 견고히 다지게 되었습니다.

그러나 이때까지만 해도 부모님에 대한 미련을 내려놓지 못하여, 퇴원하자마자 또 다시 선지식을 찾아서 가지加持와 개시開示를 구하였습니다. 그 후 그는 매일 부처님께 300배씩 절을 하고 향 하나가 탈 시간 동안 염불하였으며,『불설료치병경佛說療痔病經』을 21편씩 독송하였습니다. 나머지 시간에는 줄곧 염불을 하였고, 이따금 88불 예참도 하였습니다.

이렇게 일심으로 염불하고 예불을 한 후부터 그는 더 이상 아프거나 출혈하는 증상들이 나타나지 않았을 뿐더러 이제까지 진통제 주사 한 대도 맞지 않았는데, 병원의 의사들조차도 불가사의한 일이라고 말했습니다. 다만 날로 야위어져 갔으며, 나중에는 체력이 점점 떨어지더니 더 이상 예불을 할 수 없게 되었습니다. 또 혼자 염불하면서 잡념이 많음을 느끼고 왕생주(往生呪: 발일체업장근본득생정토다라니)를 지송하면 더욱 집중할 수 있을 거라 생각한 그는, 부처님 전에 나아가 아미타불께 발원하였습니다.

"만약 수명이 아직 남아 있다면 하루빨리 낫게 해주십시오. 병이 나을 수 있다면 출가 수행하면서 널리 법을 펴서 중생들을 이롭게 하겠습니다. 그러나 만약에 수명이 다하였으면 자비하신 아미타불께서 제가 왕생주를 30만 번 독송한 후에 저의 연꽃으로 극락세계로 접인해 주십시오."

그 순간에도 그는 여전히 삶의 희망을 포기하지 않았으므로 몽산시식(蒙山施食: 아귀들을 위한 시식)에 동참하여 자신의 업장을 참회하였습니다.

　그러던 1996년 12월 4일, 그는 오계를 받기로 결심하였습니다. 계를 받은 후 계율을 청정히 지키면서 부지런히 십선업十善業을 닦았으며, 진정으로 정토업을 닦는 세 가지 복, 즉 정업삼복淨業三福을 실천하였습니다.

　정업삼복은 다음과 같습니다.

　첫째, 부모님께 효도하고 스승님을 받들어 모시며, 자비심으로 산 생명을 죽이지 않고 십선업을 닦는다.

　둘째, 삼귀의를 받아 지니고 여러 계율을 갖추어 위의를 범하지 않는다.

　셋째, 보리심을 발하고 깊이 인과를 믿으며, 대승경전을 독송하고 다른 이들에게도 그렇게 하도록 힘써 권면해야 한다는 것입니다.

　그리고 또한 『능엄경』의 「대세지보살염불원통장大勢至菩薩念佛圓通章」의 녹음테이프와 사부님이 강해해 주신 『무량수경(佛說無量壽莊嚴平等覺經)』의 강의 기록을 듣고 난 후, 또 『역대정토고승선집歷代淨土高僧選集』 및 『근대왕생수문록近代往生隨聞錄』 등의 글들을 보았는데, 사바세계와 극락세계, 세간과 출세간의 사리인과事理因果에 대해 철저히 자각하게 되었고, 정토왕생에 대한 수많은 진실한 사례들도 보게 되었습니다.

　그 후 인광 대사의 『문초정화록文鈔菁華錄』 가운데 「섭복비葉福備 거사에게 보내는 글」에서 대사님이 가르쳐 주신 '십념계수염불十念計數念佛' 방법을 읽고 난 그는 환희심으로 가득한 목소리로 저에게 "이 방법이야말로 참으로 육근을 도섭(都攝)하고 정념淨念이 이어질 수 있는 불가사의 한 방법"이라 하였습니다.

그는 이 방법대로 염불하니 가장 섭심攝心이 되고 득력을 했다고 하였습니다. 그는 이렇게 염불하였습니다. "아미타불아미타불아미타불, 아미타불아미타불아미타불, 아미타불아미타불아미타불아미타불……" 그러나 염주는 돌리지 않고 다만 마음속으로 부르고 마음속으로 염불한 숫자를 기억하였습니다.

그는 또 저에게 만약에 일찍이 이 요령을 알았다면 왕생주를 독송할 필요가 없었다고 하였습니다. 하지만 이미 부처님 전에 발원을 한 이상, 원顯이 원만해지고 나서 다시 오롯한 마음(傳心)으로 염불을 하겠다고 하였습니다.

그는 또 요즈음 사람들이 불법을 배워도 성취할 수 없는 이유는 경을 듣고 나서 진지하게 가르침을 받들어 실천하지 않고, 다만 불교학 상식 정도로만 보았기 때문이라 하였습니다. 또한 나에게는, 아직 얼마든지 내일이 있고, 죽음이란 나와 아주 멀리 떨어져 있다고 여겨 하루하루 시간을 헛되이 보내면서 진지하게 염불수행을 하지 않기 때문이며, 생사심이 간절하기 않기 때문이라 했습니다.

그러나 자신의 경우, 암에 걸려서 마치 사형선고를 받은 거나 마찬가지이고 게다가 언제 죽음이 닥쳐올지도 모르는데, 만약 그래도 진지하게 염불하여 극락세계에 왕생하지 못한다면 틀림없이 삼악도에 떨어질 게 뻔하므로, 금생에 어떻게든 극락세계에 왕생해야 한다고 하였습니다.

그는 또 하루라도 일찍 불법을 닦지 못한 점을 참회하면서, 스스로 젊은 나이에 암에 걸릴 거라고는 생각지도 못하고 병을 앓게 된 후에서야 깨닫고 이제야 수행을 시작하니 이미 너무 늦었다고 한탄하였습니다. 그러므로 마땅히 나이가 젊고 몸이 건강할 적에 노력하여 힘써 불법을 배우고 수행을 해야지, 늙기를 기다려서 수행해서는 안 된다고 거듭 말했습니다.

이때부터 그는 온갖 반연攀緣들을 간파(看破: 달관함, 단념함)하고 내려놓았으며(放下), 더 이상 병이 낫기를 바라지 않고 반드시 극락왕생하겠다고 다짐하였습니다. 그리고 사부님이 법문해 주신 수행 방법에 따라 하나하나씩 생활 속에서 실천해 나갔으며 완전히 가르침대로 봉행하였습니다.

그는 텔레비전, 라디오, 신문, 잡지 등을 일절 보지 않았으며, 잡담도 하지 않고 전심전력으로 염불수행에만 매진하였습니다. 간혹 친척들이나 친구들이 문병을 오면 곧 자리를 피하고 함께 일상의 잡담들은 나누지 않았으며, 부모님께 대신 접대하여 자신의 뜻을 전해 달라고 부탁하였습니다.

그의 휴식 시간은 공양을 할 때와 잠을 잘 때뿐이었으며, 쓸데없는 일로 공부에 방해를 받지 않았습니다. 매일 공양을 마친 후 수저를 놓자마자 염불경행念佛經行을 하였으며 하루 종일 두세 마디 이상 말을 하지 않았습니다. 심지어 저희들이 걱정되어 한 위로의 말마저 하지 말아 달라고 당부하였습니다. 이미 자신에게 시간이 얼마 남지 않았다는 것을 잘 알고 있는 그였으므로, 생사의 일이 크고 사람의 목숨이 무상함을 절실히 느꼈기에 남은 시간을 최대한 잘 활용하여 용맹정진하며 염불하는 데 방해를 받지 않으려는 것이었습니다. 그가 수행하는 모습은 마치 폐관수행과 같아 그토록 진지하고 정성을 다해 정진하였는데, 저희들도 그로부터 깊은 감동을 받고 더욱더 심혈을 기울여 그를 보살펴 주었습니다.

이렇게 하루하루가 지났지만 그는 결코 게으름을 피우거나 방일하는 일이 없었습니다. 사부님이 법문해 주신, 의심하지 않고(不懷疑)·끊어지지 않으며(不間斷)·뒤섞이지 않아야(不夾雜) 한다는 가르침과 진성眞誠·청정淸淨·평등平等·정각正覺·자비慈悲, 그리고 간파看破·방하放下·자재自在·수연隨緣·염불念佛과 '보리심을 내어 한결같이 전념하라'는 가르침을 완전히 실천하였습니다.

동생 진준언의 임종 시 서상瑞像은 이러하였습니다.

왕생하기 3일 전, 그는 우리에게 마음 준비가 있어야 한다고 하였습니다. 그리고 저에게 자신은 전부 간파하고 내려놓았으며 모든 일을 다 알았다고 하였습니다. 또 부모님께 그의 병은 그분들에게 보여주려고 현시示現한 것이라 하였습니다. 그리고 부모님께 작별인사를 하면서, 자신의 몸을 잘 챙기지 못해 젊은 나이에 암에 걸려서 더 이상 부모님을 시봉할 수 없을 뿐만 아니라, 도리어 부모님께 걱정을 끼쳐드리고 돌봐 주시게 하였으며, 게다가 더욱이 흰머리가 검은머리를 보내야만 하는 현실을 부모님께 참회한다고 하였습니다. 또 부모님께 자신을 용서해 달라고 하고는, 지금까지 키워주신 은혜에 감사하다고 하였습니다.

부모님은 그에게 "이 일은 네가 고의로 그런 것이 아니다. 사람마다 다 업이 있으니 걱정하지 마라. 부모는 절대 너를 탓하지 않는다"라고 위로하였습니다.

그는 또 모친께 "어머님은 금생에 틀림없이 극락세계에 왕생할 자신이 있습니까?"라고 여쭈었습니다.

"아마도 왕생할 수 있겠지." 모친의 이 대답을 들은 그는 즉시 모친께 이렇게 말씀드렸습니다.

"어머님, 그래서는 안 됩니다. 반드시 극락왕생을 진심으로 믿고, 진심으로 발원해야 하며, 진심으로 염불하여 진정으로 마음을 안주安住할 수 있어야 합니다."

이 말을 마친 그는 곧장 정념正念을 일으켜 염불하였으며, 더 이상 말을 하지 않았습니다. 그 뒤로 하루 밤낮이 지났을 때 그의 호흡은 점점 가빠오기 시작하였습니다. 게다가 기력까지 부족해진 그는 소리 내어 염불하지 못하고, 다만 마음속으로 염불할 수밖에 없었습니다.

이때 모친이 매우 걱정되어 "아직 염불하고 있는가?" 하고 묻자, 그는 고개를 끄덕이며 염불이 끊어지지 않았다고 표시하였습니다. 이 순간 그의 눈은 매우 맑고 밝았는데, 마치 갓난아기처럼 짙은 남색이었으며 정신은 매우 또렷하여 조금도 번뇌하는 모습이 없었습니다.

우리는 줄곧 그의 옆에서 염불을 해주었습니다. 당시 우리의 마음속에는 온통 그를 도와 정념을 불러일으켜 염불하여 극락왕생을 하게 해야겠다는 생각뿐이었습니다.

이때 그는 갑자기 혼신의 힘을 다하여 큰소리로 "아미타불, 아미타불, 아미타불" 하며 염불하였는데, 이런 상황이 전후 세 번이나 반복되었습니다. 그는 혼신의 힘을 써서 염불하는 도중에 편안히 왕생하였는데, '아미타불'의 '아'자에서 숨이 끊어졌기 때문에 눈과 입이 약간 벌어져 있었습니다.

이때 우리는 시신을 이동시키지 않고 계속하여 그를 위해 염불하였습니다. 이렇게 10분 정도 부모님은 계속 염불을 하였고, 저는 그에게 법문을 해주면서 이렇게 권하였습니다.

"만약 네가 진정으로 부모님께 효도한다면 한결같은 마음으로 염불하여 부처님을 따라 극락세계에 왕생해야 한다. 부모님은 내가 잘 보살펴 드릴 테니 걱정하지 마라."

이 말은 마친 후 저는 공간을 두고 그의 체온을 감지해 보았습니다.

"정수리는 성인으로, 두 눈은 하늘로 태어나며, 사람은 가슴으로, 아귀는 배로, 축생은 무릎으로, 지옥은 발바닥으로부터 떠난다(頂聖眼天生, 人心餓鬼腹, 畜生膝盖離, 地獄脚板出)."

(역자 주: 이 게송은 『잡보장경』 가운데 나오는 말로, 운명할 때 신식神識이 몸의 어느 부위로부터 떠나는가에 따라 어느 곳으로 윤회를 하는지를 알 수 있다고 한다. 즉 신식이 정수리로 빠져나간 사람은 온몸이 다 식었지만 정수리만 따뜻한데 이로써 성인으로 혹은 정토로 왕생하였음을 알 수 있다. 다른 부위도 이와 같이 미루어 알 수 있다.)

이때 그의 정수리는 따뜻하였고, 이마는 차가웠으며, 가슴은 더욱 차가웠고, 다른 부위는 완전히 식어버렸습니다. 저는 다시 그를 위해 일심으로 염불하였습니다.

동생 진준언이 왕생한 후의 서상은 이러하였습니다.

그날, 동생의 왕생 소식을 들은 이웃들과 친척, 그리고 각지의 법우님들이 모두 자발적으로 발심하여 오셔서 교대로 조념을 해주었는데, 조념하러 오신 분들은 대략 100여 명 정도 되었습니다.

오전 10시쯤 되었을 때 저는 서방삼성西方三聖께서 그를 접인하러 몸을 나투신 것을 보았는데, 진준언은 연분홍색 연꽃 위에서 저를 향해 뒤돌아보며 한 번 웃고는 곧 서쪽으로 사라졌습니다. 그 뒤 오후 4시쯤 되었을 때 갑자기 공중으로부터 진준언의 한없이 기쁨으로 가득한 목소리가 들려왔습니다.

"오증 스님, 오증 스님, 난 지금 극락세계에 있어요. 난 지금 아주 즐거워요."

당시 그의 목소리는 온통 환희심으로 가득 차 있었으며 뛸 듯이 기뻐하는 것 같았습니다. 저 또한 희열로 가득한 그 심정을 느낄 수 있었는데, 참으로 너무너무 수승하였습니다. 하지만 너무나 갑작스레 일어난 일이라 저는 얼른 믿기지가 않았습니다. 그래서 아랑곳하지 않고 계속하여 일심으로 염불하고 있었는데, 잠시 후 또다시 그의 목소리가 들려왔습니다.

"누나, 누나!"

어, 제가 자세히 들어보니 틀림없는 동생의 목소리였습니다. 깜짝 놀란 저는 그제야 주의를 기울여 듣기 시작하였습니다.

"난 지금 참말로 극락세계에 있어요. 왜 안 믿는 거예요? 난 거짓말하지 않았다니까요!"

이 말은 들은 저는 기쁜 나머지 저절로 탄성의 소리가 흘러나왔습니다. 그가 틀림없이 극락세계에 왕생한 것이었습니다. 하지만 확실한 증거가 필요했으므로 저는 그에게

"만약 네가 극락세계에 왕생하였다면 어느 국토로 왕생하였는가?"라고 묻자, 그는

"범성동거토凡聖同居土입니다"라고 답하였습니다.

계속해서

"그럼 무슨 품위品位인가?"라고 물으니

"중품하생中品下生입니다"라고 대답하였습니다.

하지만 실제에 근거한 진실을 알기(實事求是) 위해 다시 그에게

"만약 네가 틀림없이 극락세계에 왕생하였다면 나에게 증명해 보거라. 어머님이 말씀하신 대로 '눈을 감고 입도 다물고 웃

어 보아라"라고 하였습니다. 그러자 그는 즉각 저에게

"못 믿겠으면 이불을 걷어 보세요. 난 지금 눈을 감고 입도 다 물고 웃고 있어요"라고 대답하였습니다.

그 뒤 제가 이 일을 부모님께 말씀드리자, 부모님 역시 그 당시 똑같은 느낌을 받았었는데, 극락세계에 왕생한 아들의 기쁨과 환희와 희열로 가득한 심경을 느낄 수 있었다고 하였습니다.

조념한 지 13~14시간 정도 지났을 때 부친께서 다라니 이불을 열어젖혀 보았더니, 참으로 너무나 불가사의한 일이 벌어졌습니다. 분명히 그가 얘기한 대로 눈은 감겨져 있었고 입은 다물어져 있었으며, 얼굴에는 웃음으로 가득하였습니다. 뿐만 아니라 얼굴은 불그스름하면서 윤기가 돌았는데 생시보다 더 맑았고 더욱 장엄하였으며, 여태껏 이렇게 즐겁게 웃어본 적이 없었던 것 같았습니다. 이 모습을 본 우리는 너무나 기쁜 나머지 펄쩍펄쩍 뛸 뻔하였습니다. 이때 부친께서는 그의 정수리, 가슴, 그리고 이마 등 세 곳을 차례로 만져보았습니다. 온몸이 싸늘하게 식었지만 유독 정수리만이 따뜻하였습니다. 참으로 너무나 수승하였습니다.

24시간이 지난 후 입관을 하기 위해 몸을 깨끗이 하고 옷을 갈아입혔는데, 갈아놓은 옷은 모두 매우 깨끗하였고 맑은 향기가 나면서 더럽지 않았습니다. 온 방안은 기이한 향기로 가득하였는데, 특히 그가 쓰던 방은 향기가 유난히 짙었습니다. 서로 다른 향기가 한 차례 한 차례씩 풍겨왔는데 이러한 향기는 일 년

남짓 지속되었습니다. 이 향기는 한 번 맡은 사람들로 하여금 몸과 마음이 청량하고 청정하여 안정과 길상吉祥을 가져다주는 듯하였는데, 느낌은 비록 이러하지만 사실상 말로써 표현하기는 대단히 어려운 것 같습니다.

왕생한 지 7일째 되던 날, 영전에 올린 향은 원을 그리며 빙빙 돌고 돌면서 환향還香의 모양으로 말리더니 다시 펼쳐졌다가 빠져나갔다가 다시 이렇게 돌고, 돌고 또 돌면서 마치 한 송이 연꽃 모양이 되었다가 다른 형상들을 이루었습니다. 게다가 매우 무겁게 말렸음에도 딱 붙어서 떨어지질 않는 것이었습니다.

이렇게 움직이고, 움직이고 또 움직이면서 오른쪽으로 360도를 돌았으며, 부처님 전에 올린 향 또한 환향 모양으로 오른쪽으로 90도로 말렸습니다. 그 후에도 이 두 곳의 향은 자주 이렇게 빙빙 돌곤(회전) 하였습니다.

출관한 후 1년 동안 법당에 올렸던 향은 늘 이처럼 기이한 현상들이 일어났으며, 1년 전에 올렸던 꽃 또한 유난히 생명력이 있어 오래도록 시들지가 않았는데, 보는 사람마다 경탄을 금치 못하였습니다.

그날 저녁 7시쯤 되었을 때 제가 밖에 볼일이 생겨 차를 탔는데, 차에 오르자마자 한줄기 맑은 향기가 코를 찌르는 것이었습니다. 향기가 목구멍으로 넘어가자 달콤하기 그지없었는데, 이런 향기로운 맛은 이 세상에서 들어보지도 못한 것이었습니다. 그때의 느낌을 어떠한 언어로도 표현하기가 어렵습니다. 다만 몸과 마음이 매우 편안하고 상쾌하였으며 환희심으로 가득했습니다.

임종 때부터 출관 전까지 줄곧 24시간을 교대로 조념하면서 오로지 한 마디 부처님 명호 외에 기타 어떠한 불사도 하지 않았으므로, 전체적인 자기장磁氣場이 특별히 편안하고 포근하였습니다. 조념을 하러 오신 이웃, 친척과 친구들, 그리고 각지에서 오신 법우님들은 전부 자신의 몸이 영당靈堂에 있다는 느낌보다는 오히려 타불칠(打佛七: 7일간 염불 수행하는 것으로 불칠수행佛七修行이라고도 함)을 하는 듯한 느낌이었는데, 그야말로 너무나 수승하였습니다.

출관하기 하루 전날 밤, 대략 100에서 200명 정도 되는 사람들이 모여 조념을 하였습니다. 그런데 사람들이 다 모이기 전 하늘에서 별안간 보슬비가 내리기 시작하더니 마치 감로수를 퍼붓는 듯하였습니다. 얼마 후 사람들이 다 모이자 내리던 비가 멎었는데, 조념하던 모든 분들의 마음은 온통 법희法喜로 충만하였습니다.

출관 당일, 화장터의 사무가 바쁜 관계로 우리에게는 지체할 시간이 없었으므로, 화장 후 다만 염주 알처럼 생긴 진주와 같은 백색 사리 한 과와 비록 원형이지만 비교적 불규칙적인 초록색에 남색을 띤 사리 한 과를 포함한 총 두 과를 수습하여 기념으로 남겨 모시기로 하였습니다.

유골을 정업정사淨業精舍에다 모시려고 차를 타고 가는 도중,

하늘에서 갑자기 먼지와 같은 것들이 떨어지는 것이었습니다. 처음 저는 마음에 두지 않고 다만 정성을 다해 간절하게 염불만 하였습니다. 화장터에서 맨손으로 사리를 고르고 주웠기 때문에 제 손에는 뼛가루가 묻어 있었습니다. 그런데 차안에서는 에어컨을 틀어놓고 있었으므로 먼지가 있을 리가 만무하였습니다. 그래서 자세히 살펴보니 뜻밖에도 금싸라기가 저의 가사 위에 떨어져 있는 것이었습니다. 게다가 제 손에 묻어 있는 뼛가루 가운데에서도 황금색의 작은 사리가 한 과 있었고, 가사 위에는 수정과 유리싸라기가 여기저기 흩어져 있었는데, 동행하던 사람들은 전부 불가사의함을 느끼고 지금까지 이런 현상을 본 적이 없다고 하였습니다.

이튿날 아침 8시 쯤 보살님 한 분이 딸과 함께 오셔서 기념으로 사진을 찍자고 하였습니다. 아직 사진을 찍기 전, 갑자기 초록색에 남색을 띤 그 사리는 먼저 초록빛을 발하였는데, 색깔은 마치 비취처럼 청록색이었으며 매우 투명하여 에메랄드와 같이 반짝반짝 빛이 났으며 정말로 매우 아름다웠습니다. 그래서 다시 자세히 살펴보니 백색을 띤 사리 또한 똑같이 변해 있었습니다. 당시 모친과 저는 어안이 벙벙하여 한참 동안 할 말을 잃었습니다.

그야말로 너무나 수승하고 너무나 불가사의하였습니다. 이뿐만 아니라 사진을 찍은 후 그 보살님은 저의 가사에 금싸라기가 있는 것을 발견하였는데, 아쉽게도 사진이 너무 흐려서 여기서 여러분들께 보여 드릴 수가 없습니다.

동생 진준언 거사의 생전 공부하는 과정과 그의 일생, 그리고 그가 진실한 믿음과 간절한 원력으로 염불하며 극락세계에 왕생하기를 발원하여 임종 시 정념正念이 분명한 상태에서 부처님의 접인을 받은 사실과, 또한 그가 여러 가지 서상을 나타내 보임을 통하여 『불설무량수경』 가운데에 아미타불의 제18원 십념필생원十念必生願의 발원문(願文)인

"내가 부처가 될 때, 시방세계 중생들이 나의 이름을 듣고 지심으로 믿고 기뻐하며 모든 선근을 한결같이 회향하여 나의 나라로 태어나고자 한다면, 내지 10념만 하더라도 나의 나라에 태어나지 못한다면 결코 정각을 이루지 않겠다."

고 하신 말씀, 그리고 『불설아미타경』에서 설하신

"만약 선남자 선여인이 아미타불의 이름을 듣고 1일 내지 7일 동안 명호를 지송하여 일심불란一心不亂에 이르면, 그 사람은 임종 시에 아미타불과 여러 성중들이 그의 앞에 몸을 나투시어, 그 사람이 목숨을 마칠 때 마음이 전도되지 아니하면 곧 아미타불의 극락국토에 왕생한다."

라는 경문, 그리고 『불설관무량수불경』에 말씀하신

"중품하생이란, 만약 선남자 선여인이 부모에게 효도하고 세상 사람들에게 인자하게 행한다면, 이 사람이 목숨이 다하려 할 때 선지식을 만나서 자세히 아미타불의 국토인 극락세계의 안락하고 장엄한 일들과 법장비구의 48대원에 대한 설법을 듣고 목

숨을 마치면, 마치 힘센 장사가 팔 한 번 굽혔다가 펴는 잠깐 동안에 바로 극락세계에 태어나리라."
고 하신 경문을 몸소 증명하였습니다.

그러므로 다만 믿음(信)·발원(願)·염불(行)이 진정으로 갖추어지기만 하면 틀림없이 극락세계로 왕생하여 일생에 성불할 수 있습니다.

저는 오늘 여기까지 말씀드리겠습니다.

이 자리에서 사부님의 자비스런 가르침과 은혜에 감사드리고, 아울러 저로 하여금 이곳에서 여러분들과 법연法緣을 맺을 수 있도록 기회를 주신 사부님의 자비에 감사드립니다. 그리고 여기서 동생 진준언 거사에게 도움을 주셨던 모든 선지식들과 법우님들께 십이분 감사의 뜻을 전합니다. 저는 마음속 깊이 고마움을 느끼고 감격해 마지않습니다. 시일이 오래 지났고 또한 강의를 해본 경험이 없기 때문에 서툴고 빠뜨린 부분이 있을 텐데, 강술이 적절치 못한 부분이 있다면 자비하신 사부님과 여러 법사님, 여러 법우 대덕님들께서 자비로운 마음으로 너그럽게 용서해 주시길 간청합니다. 아미타불!

이 자리에서 보고 들은 모든 분들께서 다함께 극락세계에 왕생하기를 힘쓰시고 모두 법의 이익(法益)을 얻으시기를 기대하오며, 모든 분들이 복과 지혜가 늘어나고 광명과 수명(光壽)이 무량하시기를 축원 드립니다. 나무아미타불!

경옥근 보살님 극락왕생기

{ 강의: 성법 법사
번역: 서현 스님 }

나의 모친이신 경옥근耿玉芹 보살님(중국에서는 남녀구분 없이 거
사라 칭하고 있으나, 여기서는 보살로 옮겼다)은 1938년 9월 6일에
태어났으며, 2002년 음력 8월 28일, 세수 64세로 왕생하셨다.

　모친은 평생 온갖 어려움을 겪으셨으며, 슬하에 여섯 명의 자
녀를 두셨다. 모친은 마음씨가 착하고 도량이 넓었으며 동네 사
람들과 화목하게 지내면서 이제까지 남의 잘못을 따진 적이 없
었다.

　모친이 불법을 만나게 된 인연은 비교적 늦은 편인데, 내가 출
가한 뒤였다.(나는 1990년 출가했다.)

　1997년, 나는 속가 집으로 부모님을 만나 뵈러 갔는데, 모친
에게 삼귀의를 전수한 후 염불할 것을 권장했다. 그 뒤로 모친은
틈만 나면 염불하였으며, 이미 보리도의 씨앗을 서방극락세계에
뿌려 놓았다. 모친은 염불을 진지하게 하였으며, 불보살님을 대
할 때 그 마음이 한없이 공경스러웠다. 그 뒤로 모친은 병을 앓
게 되었다.

그때가 2001년 4월, 내가 싱가포르에서 공부하던 중이었는데, 전화로 모친이 병을 앓고 있다는 사실을 알게 되었다. 그때는 다만 당뇨병이라고만 말씀하셨다. 나중에 싱가포르에서 중국 도량으로 돌아온 후 곧 속가로 가서 모친을 뵈었다. 그리고 모친을 외진 시골에서 파언현巴彦縣 흥릉진興隆鎮에 위치한 염불당으로 모셔 왔다. 염불당이 도시와 가까워 비교적 선진적인 의료설비가 있었기 때문이다.

적당히 정리하고 나서 곧 모친을 모시고 호란현呼兰县에 있는 요양원에 가서 종합검진을 받았다. 검사 결과는 후두암이었다. 나는 의사에게 아직 치료를 받을 수 있는지의 여부를 물었다. 의사는 이미 말기여서 더 이상 손을 쓸 수가 없다고 했으며, 길어봐야 3개월의 수명이 남았다고 했다.

나는 곧 모친을 모시고 염불당으로 돌아왔다. 나는 암이라는 말을 하지 않고 다만 기관지에 염증이 생겼다고만 말씀드렸다. 염불당에 돌아온 후 나는 모친과 함께 일심으로 염불하면서 인간 세상에서 고통을 받지 말고 서방극락세계로 왕생하실 것을 권하였다. 출가한 딸로서 나는 오직 모친이 서방극락세계로 왕생하여 삼계육도를 벗어나 다시 윤회를 하지 않는 것이 모친에 향한 지극한 효이고, 깊은 은혜를 최대한 갚는 길임을 너무나 잘 알고 있었기 때문이다.

그리고 극락세계의 장엄한 모습들에 대한 설명과 아미타불의 48대원, 그리고 널리 모든 중생들을 구제하시겠다는 아미타불의 대비심과 대원大願에 대해 말씀드렸으며, 또 많은 왕생 사례에 관한 동영상 자료들을 보여 드렸다. 모친께서는 매우 기뻐하시면서 극락세계에 왕생하기를 발원했다.

그 뒤 나는 또 모친을 위해 방생, 경전 인쇄, 염불, 독경, 몽산 시식(아귀들을 위한 시식) 등을 하였으며, 모친을 위해 복을 지어 정토에 태어나실 수 있도록 회향하였다.

모친은 본래 호흡이 어려웠다. 어느 날 밤, 병이 발작하여 우리들은 모친을 위해 두 시간을 조념助念하였다. 밤 10시부터 12시까지 조념을 한 뒤 각자 방에 들어가 휴식을 취하였다.

이튿날 아침, 모친은 나에게 어젯밤에 밤새도록 염불하였냐고 물었다. 저는 아니라고 대답했다. 모친은 어젯밤에 대웅전에서 밤새도록 염불하는 소리를 들었다고 했다. 염불 소리는 은은하면서 아주 듣기가 좋았고, 멀리서 들리다가 가까이에서 들리다가 하였는데 이제까지 들어본 적이 없는 염불 소리라고 했다.

두 번째 병이 악화되었을 때는 왕생하시는 줄 알았다. 잘 아는 거사님들과 연락하여 조념을 부탁했다. 하룻밤 조념을 하고 나니 이튿날 모친의 정신이 좋아지기 시작했다. 온 가족이 염불당에 모여 모친과의 영구적인 기념을 남기려고 비디오 촬영을 하였으며, 사진도 찍어 두었다.

모친은 대단히 기뻐하셨으며, 마치 병이 나은 것 같았다. 친척들이 왔을 때도 모두 모친을 위해 염불을 해주었다. 염불은 7일간 밤낮으로 지속되었다.

8일째 되는 날 아침, 나는 모친께 꿈에 혹시 무얼 보지 못했냐고 여쭤봤다. 원친채주(怨親債主: 전생에 원한 관계를 맺은 중생들) 귀신들이 찾아올까 두려워 매일 모친에게 여쭤봤던 것이다. 모친은 줄곧 아무것도 못 보았다고 했지만, 어제는 꿈속에서 온 방 안이 전부 '아미타불'이었다고 말씀하셨다.

"부처님께서는 무엇을 하고 계시던가요?"

"옷을 벗고 계셨다."

나는 얼른 모친에게 말씀드렸다.

"그것은 부처님께서, 우리의 몸은 옷과 같아 가짜 껍데기를 벗어버려야 아미타부처님과 같은 금강불괴신과 장엄한 상호, 안팎이 투명한 몸으로 바꿀 수 있다는 것을 어머니께 알려드리는 것입니다."

이 말을 들은 모친은 연신 머리를 끄덕이셨다.

이날 이후부터 모친은 정신이 점점 더 좋아지셨고 안색도 점점 보기 좋아졌다. 호흡도 순조로워졌고 병으로 인한 고통은 조금도 없이 완전히 사라졌다. 또한 빠졌던 눈썹이 다시 자라나기 시작했는데, 짙으면서 가늘고 굽어져 있었다. 나중에 오신 거사님들은 아픈 사람이 누구인지조차 찾지 못하였다. 모친은 매일매일 밖에서 산책까지 하셨다. 조념을 하러 온 거사님들은 이러한 상황을 보고는 모두 병이 나았다면서 각자 집으로 돌아갔다.

9일째 되던 날 아침, 모친은 기뻐하시면서 나에게 말씀하셨다.

"어젯밤도 밤새도록 잠을 못 잤다."

내가 물었다.

"왜요?"

그날 밤 모친은 우리가 휴식하러 간 후 눈을 감으니 주변에 수많은 사람들이 모친을 에워싸고 염불을 하고 있더라는 것이었다. 모친은 그분들을 따라 밤새도록 염불을 했다고 하셨다. 이튿날 밤에도 마찬가지였다.

나는 분명히 알고 있었다. 이것은 우리들이 마음을 내어 한 달에 두 차례 '대몽산大蒙山' 불사를 하여 배고픈 귀신들에게 시식하여 결연을 하였기 때문에 귀신들이 모친을 위해 염불을 해주었던 것이며, 이를 통해 시식해준 은혜에 보답하려는 것이었다는 것을. 이로써 육도중생인 귀신들도 은혜를 알고 은혜를 갚을 줄 안다는 것을 알 수 있다.

어느 거사님께서 모친이 항암제를 복용하면 혹시라도 병이 완쾌하실 희망이 있지 않겠느냐고 권하시어, 나는 하얼빈시에서 항암제를 사서 모친에게 복용하도록 했다. 그러면서 이렇게 말씀드렸다.

"서방극락세계 왕생을 발원하셔야 합니다. 만약에 수명이 다했다면 아미타부처님께서 오셔서 극락세계로 인도하실 것이고, 만약에 수명이 아직 남았다면 병이 저절로 나아질 것입니다."

모친은 나의 말을 듣고 매우 기뻐하시면서 바로 아미타불 불상 앞에서 극락왕생하기를 발원하셨다. 그때가 약을 복용한지 4일째 되던 날이었다.

그날 밤 10시 쯤 되었을 때 모친의 병이 또 악화되기 시작했다. 어느 거사님 한 분은 내가 의사를 모시지 않을 것을 알고는, 현縣에 있는 의사님 한 분을 모셔왔다. 그리고 나에게 모친을 현의 병원에 보내서 치료를 받아야 하지 않겠냐고 물었다. 나는 그분의 호의를 사절했다. 그 순간은 오로지 모친을 서방극락세계로 왕생하게 해야겠다는 생각뿐, 다른 생각이 전혀 떠오르지 않았다. 모친은 의사가 오신 것을 보고는 물었다.

"의사 선생님이 무슨 말씀을 하시더냐?"

"의사 선생님은 어머니의 병을 더 이상 치료할 수 없다고 하셨습니다. 어머니는 오로지 극락왕생을 구하십시오. 이 세상은 너무나 고통스럽습니다. 사람은 태어남이 있으면 반드시 죽음이 있기 마련입니다. 지금은 내생에 어디로 갈 것인가를 결정할 시간입니다. 천당, 지옥, 아니면 극락정토를 가실 건지는 모두 어머니의 결정에 달려 있습니다. 만약 염불하여 극락왕생을 구하지 않는다면 또 다시 육도에 윤회를 해야 합니다. 지옥·아귀·축생의 고통을 어찌 말로써 다 할 수 있겠습니까. 지금은 오직 아미타불만이 어머니를 구원하실 수 있습니다. 이 한 마디 부처님 명호를 꼭 잡고 절대 놓쳐서는 안 됩니다!"

모친은 나의 말을 듣고 고개를 끄덕이시며 아무 말씀도 하지 않으셨다.

12시쯤 되었을 때 방안에는 한 줄기 향기가 가득 풍기었다. 모친이 연기를 싫어했기 때문에 방안에서는 향을 사르지 않았다.

당시 왕서민 거사님이 계셨는데, 마음속으로 '만약에 이 노인이 극락세계에 왕생할 수 있다면 아미타불께서는 이런 향기가 세 번 나타나게 해주십시오'라고 부처님께 빌었다. 그 뒤로 과연 향기가 세 번 나타났다.

그 자리에 있던 나와 많은 거사님들도 전부 향기를 맡았다. 나의 부친은 본래 불교를 믿지 않으셨지만, 당신께서도 향기를 맡고 나서 불법에 대한 믿음을 일으키게 되었으며, 채식을 하시면서 염불하여 극락에 왕생하기를 발원하셨다.

2001년 10월 14일 아침 8시쯤, 모친이 극락세계 연못에 심은 연꽃이 무르익었다. 몸을 일으켜 앉더니, 부처님께 절을 올리면서 입으로는 "아미타불께서 나를 영접하시어 극락세계로 데려가신다!"고 말씀하셨다. 그때 모친의 목에 걸고 있던 대비주와 불상이 갑자기 떨어졌다. 모친은 두 손으로 주워서 불상을 들고 바라보시고는 옆에다 내려놓았다. 그리고 양손을 들어 합장하면서 염불을 하셨다. 문득 보니 입이 몇 번 움직이더니 곧 왕생하셨다.

26시간 후 모친의 옷을 갈아입혔다. 얼굴은 마치 살아 있는 사람 같았고 주무시는 것처럼 편안해 보였다. 당시 기상청에서는 3일 연속 비가 올 것이라고 보도했다. 오후에 한바탕 비가 내려 쌓인 먼지와 때를 깨끗이 씻고 나니 천지가 맑고 새롭게 보였다. 나는 마음속으로 아미타부처님께 가피력으로 비가 오지 않게 해달라고 기도했다. 그 후 비록 날씨가 흐리고 어두웠으나 다시 비가 오지 않았다. 조념이 15일 밤 12시쯤 이르렀을 때 하늘은 점점 개이기 시작했다.

16일 아침(출관하는 당일), 바람은 부드럽고 날씨는 따뜻했다. 하늘은 온통 짙은 남색이었으며 한 점의 구름도 없었다. 화장터에 이르러서는 요불(繞佛: 경행하면서 하는 염불)하는 방식으로 영결식을 진행했다.

화장을 할 때 화장로火葬爐에서 아름다운 염불 소리가 들려왔다. 뿐만 아니라 『아미타경』을 독송하는 소리와 법기法器의 소리가 귓가에서 끊이질 않았다. 나는 환청이 아닌가 싶었다. 그래서 옆 사람에게 혹시 염불 소리를 듣지 못했냐고 물었더니 모두 들었다고 대답했다. 그 자리에 있던 백여 명의 대중들도 전부 들었다는 것이다.

얼마 후 유골이 나왔다. 유골의 색은 산뜻하고 아름다웠다. 우리가 유골을 수습하고 있을 때였다. 갑자기 법사님 한 분이 빨리 밖으로 나오라고 우리를 불렀다.

이때 하늘에는 일곱 빛깔 채색 구름이 나타났다. 구름은 안에서부터 밖으로 넘실넘실 번지고 있었다. 색깔은 순간순간 변화하였고 눈부시게 빛났는데, 나중에는 세 송이의 연꽃으로 변하였으며 연잎마저 뚜렷하게 보였다. 그 밑은 연화좌였고, 둘레에는 연잎이 보였다. 조금 지나니 구름은 서방삼성(西方三聖: 아미타불, 관세음보살, 대세지보살)의 모습으로 변화하였는데 그 모습은 보였다가 사라졌다가 하였다.

당시 미용학원 선생님이었던 거사님 한 분이 계셨는데 18명의 제자들을 거느리고 영결식에 참석했다. 학생들은 전부 청소년들이었는데 이러한 서상(瑞相: 상스러운 모습)을 보고는 너무 감격한 나머지 눈물을 흘리는 사람도 있었고, 무릎을 꿇고 예배하는 사람들도 있었다. 그들은 본래 불법에 대해 반신반의했는데, 오늘 이러한 서상을 두 눈으로 직접 보았으므로 불법의 불가사의함을 느꼈고, 불법에 대한 믿음을 굳건히 다질 수 있었다.

화장터를 떠나 집으로 돌아가는 도중에 화장터에서 들었던 낭랑한 염불 소리가 계속 나의 귓전에서 맴돌고 있었다. 그래서 옆에 있던 거사님에게 이 상황을 얘기했더니 이렇게 말했다.

"저에게는 스님이 평생 기뻐할 만한 일이 있습니다."

그는 화장할 때 염불 소리를 듣고는, 화장을 하는 사람마다 염불 소리가 나는지 확인하기 위해 모친의 유골이 화장로에서 나온 후 그 다음으로 화장하는 자를 관찰했다고 한다. 다음 사람이 화장로에 들어간 후 염불 소리가 곧 그쳤다. 이로써 염불 소리가 모친을 화장할 때만 나타난 것임을 확인할 수 있었던 것이다. 가족들은 비록 슬펐으나 한 사람도 울지 않았다. 도리어 모친을 위해 기뻐했다. 왜냐하면 모친이 이미 서방극락세계로 왕생하였음을 확신했기 때문이다

수화(綏化: 지명)에서 온 거사님들은 오전에 집으로 돌아가지 않았다. 그들은 모친께서 이처럼 뛰어난 모양으로 왕생하였는데, 비디오테이프에 반드시 다른 서상이 남아 있을 것이라며 테

이프를 보고 가겠다고 했다. 그때 나는 마음속으로 영결식을 진행하던 홀에는 주변 창문들이 검은 커튼으로 가려져 있어 광선이 매우 어두웠으므로 찍은 비디오가 매우 흐릴 것이라 생각했다. 그러나 예상 밖으로 비디오의 화면은 매우 깨끗하고 뚜렷했다. 벽 쪽에는 한 폭의 이강漓江산수화(중국 계림桂林을 배경으로 그린 산수화)가 있었는데, 화면에는 한 존의 희고 빛이 나는 관세음보살님이 보였다. 정면 양쪽에는 만련(挽聯: 죽은 사람을 애도하는 대련)이 있었고 가운데는 전奠자가 있었다.

만련과 전奠자는 본래 흰색이었는데 모두 황금빛으로 변했고, 마지막 남은 한 글자만이 본래의 흰색이어서 특별히 눈에 띄었다. 이는 마치 사람들을 일깨워 주는 것 같았다. 더욱 불가사의한 것은 창문을 가리고 있던 검은색 커튼들이 전부 붉은색으로 변한 것이다. 매 창문마다 모두 한 분의 아미타불이 나타났는데 반짝이면서 빛을 발하고 있었다. 동쪽의 창문에는 모친이 임종 시 찍은 사진 한 장이 나타났는데 입고 있던 옷의 색까지 분명하게 보였다. 당시 비디오를 보던 사람들은 모두 경탄의 소리를 저절로 내뱉었다.

하늘의 채색 구름을 비디오로 보니 아래는 일곱 빛깔의 연꽃이었고, 요불하는 거사님들의 몸은 전부 허공과 동화되었다. 그 속에서는 무수한 백련화가 나타났으며 또 흰 구름이 있었다. 모퉁이를 돌 때 창문에서는 한 송이 분홍색의 연꽃이 나타났다. 그 빛은 사방을 환하게 비추었으며, 오랫동안 지속되었다. 그리고 하늘은 온통 붉은색으로 물들여졌는데 마치 아름다운 노을 같았다.

당시 조념염불단의 단장이신 추려위鄒麗偉 거사님은 (영가를) 왕생하여 보내드리는 데 경험이 아주 많으신 분이었다. 나는 그녀에게 말하길, 모친이 만약 극락왕생하였다면 반드시 저에게 소식을 전하겠다고 말씀하신 적이 있다고 했다. 추 거사님은 만약 진실로 극락왕생하였다면 7일 내로 반드시 소식이 있을 거라고 했다. 그녀는 이 방면에 많은 경험이 있다고 했다.

3일째 되던 날 새벽 5시에 전화벨이 울렸다. 나는 이렇게 이른 시간에 누가 전화하였을까 생각했다. 내가 전화기를 들으니 추 거사님의 목소리가 들려왔다. 그녀는 매우 흥분해 있었다. 내가 무슨 일이냐고 물었다. 그녀가 말하기를, 꿈속에서 모친이 그녀에게 자신은 극락에 왕생했다고 말씀하셨으며, 다만 품위品位가 높지 못하다고 했다는 것이다. 그리고 그녀는 꿈에서 모친께서 왕생하실 때의 상황을 보았다고 했다.(모친이 왕생하실 당시 그녀는 자리에 없었다.) 그녀가 꿈에서 본 것을 말하기를, 모친은 침대에 앉아 있었고 호흡이 점점 어려워지자 힘껏 염불을 했다고 했다. 바로 이때 아미타불께서 창문에 모습을 나투셨으며, 모친께서는 아미타부처님이 오신 것을 보고 한없이 기뻐하시면서 혼신의 힘을 다해 아미타불을 불렀다고 했다. 그러자 신식神識이 정수리에서 빠져나와 아미타불을 따라가셨다는 것이다.

추 거사님은 꿈에서 깨어나 마음속으로 생각했다. 단지 꿈만으로 어찌 한 사람이 왕생을 했는지, 못했는지를 증명할 수 있겠는가. 그래서 그녀는 생각했다. '만약에 경옥근 노거사님께서 저에게 왕생의 소식을 전해 주려 오셨다면 제가 정에 들게(入靜) 해주십시오. 그리고 저에게 한마디 말씀을 해주십시오! 그래야만 당신이 왕생했다는 것을 믿을 수 있겠습니다.' 생각을 마친 후 3분도 안 되어 그는 입정 상태에 이르렀다. 이때 모친의 목소리가 들려왔다.

"이 세상의 모든 만물은 서로 매우 밀접한 관계가 있다. 다만 범부들이 모를 뿐이다."

그리고는 입정에서 완전히 깨어났으며, 너무 기쁜 나머지 그 뒤로는 잠이 오지 않았다. 본래 두 시쯤에 전화를 하려 했으나 결국 참았다고 했다. 그래서 아침 5시가 되어서야 나에게 전화를 한 것이었다.

이상은 모친께서 서방극락세계를 왕생한 전체의 과정이다. 지금 이것을 글로 써서 여러분들에게 공양 올리니, 바라건대 부처님을 배우는 모든 법우님들이 서방극락세계에 대한 충분한 믿음을 내어 아미타불의 48대원을 굳게 믿고, 한결같은 마음으로 부처님 명호를 부르기만 하면 만인이 닦아 만인이 극락왕생할 수 있음을 믿어 의심치 마시기를 바란다.

나의 모친의 왕생이 바로 아주 좋은 실례이니, 아미타불의 '십념필생원(十念必生願: 열 번만 염불해도 반드시 극락왕생토록 하겠

다는 아미타불의 제18원)'은 진실하며 허망하지 않음을 증명하였
다. 오로지 성실하게 염불하면 반드시 부처님의 접인을 받을 수
있으며, 한 번 왕생하면 절대 물러나지 않고 반드시 부처를 이룰
수 있다.

여기서 특히 모친을 위해 조념해 주신 여러 법사님들과 법우
님들께 감사드리며, 또한 모친께서 왕생 품위가 높아지기를 축
원드리고, 하루 빨리 원력을 타고 다시 이 사바세계에 오셔서 널
리 중생들을 구제해 주시기를 바란다.

출처: 정토도항淨土導航

정공 스님의 자모 서마온숙 님의 왕생견문기

{ 번역: 서현 스님 }

정공淨空 노스님의 속가 자모慈母이신 마태부인(馬太夫人: 서마온숙)께서는 1995년 5월 29일 오후 4시 45분에 상해의 자택에서 편안하게 극락왕생하셨습니다. 자세한 경과와 상황을 스님의 동생이신 서업화徐業華 거사님이 보고 드리겠습니다.

여러 큰스님들과 법사님들, 그리고 함께 공부하는 도반님들, 안녕하십니까? 나무아미타불!

오늘 제가 형님이신 정공 스님, 그리고 집안 식구들을 대표하여 어머니의 극락왕생을 축하하러 이 자리에 함께하신 여러분들께 감사의 뜻을 전하면서 어머니의 왕생에 대해 보고해 드리겠습니다.

자모이신 서마온숙徐馬蘊淑은 1905년 가난한 집안에서 태어났는데, 마음씨가 착하고 사람됨이 어질고 정숙했으며 근검절약으로 집안일을 돌보았습니다. 부친이 일찍이(1947년) 병으로 돌아가시고 나니 집안은 씻은 듯이 가난했으며, 자모께선 온 가족의 생계를 책임져야 했고, 형님은 학업을 중단하고 스스로 일자리를 찾아야 했습니다.

고향이 해방된 후, 정부의 도움으로 자모께선 회사에 취직을 하게 되었습니다. 저도 학업을 계속할 수 있어 1957년 부단復旦대학을 졸업하고 상해에 남아 일을 할 수 있게 되었습니다. 자모께선 1961년 정년퇴직하시고 상해로 오셔서 집안일을 도맡아 부지런히 일하고 절약하셨으며, 남을 돕는 일을 즐기셨고 이웃과 화목하게 지내셨습니다.

1981년이 되어서 형님의 소식을 듣게 되었습니다. 자모께선 형님의 사진을 보고서야 출가한 줄 아셨고, 마음이 자못 괴로운 듯했습니다. 1984년 정공 스님이 초청을 받아 홍콩에서 법문을 하게 되었는데, 자모께선 정부의 배려로 80세의 고령으로 홍콩에서 형님과 상봉하게 되었습니다. 자모는 형님을 보면서 마음이 차분하셨고 눈물을 흘리지 않으셨으며, 다만 이렇게 말씀하셨습니다.

"매일 네가 보고 싶었다."

정공 스님은 어머니께 이렇게 말씀하셨습니다.

"매일 아미타부처님을 생각하세요. 나중에 꼭 극락왕생하셔야 다신 헤어지지 않고 영원히 함께 살 수 있습니다."

자모께선 홍콩에서 짧은 10일 동안 처음으로 불법을 만나게 되었고, 상해로 돌아와서는 채식을 시작하셨으며, 매일 염불하고 예불하며 극락왕생을 발원하셨습니다.

자모께선 비록 글은 모르셨지만 스님이 법문한 녹음테이프를 듣고 비디오테이프를 보시면서 염불의 좋은 점을 알게 되었고, 서방극락세계의 아름다움을 확신하셨습니다. 정토왕생의 발원을 세우시고부터는 한 마디 부처님 명호를 굳게 지니시고 끊이지 않게 하셨습니다. 비록 초기에는 매일 염불하시면서도 때론 망상이 뒤섞이곤 하였고, 집안의 자질구레한 일에도 신경이 쓰였으나, 시간이 흐르면서 차차 모든 것을 놓아버릴 수 있게 되었습니다. 특히 근래 2년 동안에는 오직 일심으로 염불만 하는 일향전념一向專念이 되었고, 몸과 마음은 청정하였습니다. 가끔 국내외의 거사님들이나 친우들, 스님들까지 집에 찾아오셨으나 마음은 항상 평온하셨습니다. 되도록 말씀을 아끼셨으며, 채식을 권하시고 염불하여 함께 극락왕생할 것을 권하셨습니다.

1992년 병으로 입원하셨는데 병실에서도 염불을 놓지 않았고 널리 법연을 맺으셨으며, 의료진과 환자들과의 사이가 매우 좋았습니다. 입원해 있는 동안 관세음보살님께서 금색으로 장엄하신 모습을 친견할 수 있었으며, 마음은 환희로 가득했습니다. 한 달 정도 병원에 계셨는데, 병이 낫자 집으로 돌아오셨습니다.

1994년 봄, 또다시 병으로 입원하게 되었습니다. 어느 날 계방(桂芳, 손녀)에게

"아미타불을 뵈었다" 하시고는

"이제 갈 때가 된 것 같다"고 하셨습니다. 그리고는

"울지 말거라. 좋은 일이니 날 위해 정성껏 염불을 해줘야 한

다"고 하셨습니다.

20일 후에 병이 나아서 퇴원하고 나서, 다시 계방에게 일러 주었습니다.

"내년 봄에는 갈 것이다."

다음해 4월, 몸에는 아무런 고통이 없었습니다. 어느 날 계방에게

"이젠 가야겠다"고 하셨습니다.

"어디로 가실 건데요?"

"극락세계로 가야지, 너도 데려가 줄까?"

"전 나중에 갈게요. 할머니, 극락에 가 보셨어요?"

"그래 가 봤지, 아주 좋은 곳이야, 나중에 모두들 가야 해!"

계방은 할머니가 미리 갈 시간을 알았다고 했습니다. 가시기 얼마 전부터는 진정으로 만 가지 인연을 다 놓아버리고 일심으로 염불만 하셨습니다. 행·주·좌·와는 물론 식사하실 때도 염불을 놓지 않으셨습니다. 때론 녹음기의 염불을 들으시면서 조용히 따라하셨고, 때론 소리 내어 부르셨으며, 밤중에도 잠에서 깨시면 곧바로 염불을 하셨습니다. 오로지 정성을 다해 염불정진 하셨습니다.

5월 25일, 미국에서 뢰계영賴桂英 거사님이 집에 문안을 왔습니다. 자모께선 기분이 매우 좋으셨으며 모두에게 염불하여 정토에 왕생할 것을 권하셨습니다. 5월 27일, 약간의 감기 기운이 있어 내복약을 드시고, 28일에도 열이 있어 의료진을 불러 치료

130

를 받게 했으며, 정맥에 항생제 주사를 맞았습니다. 29일에는 열이 내리기 시작했고, 혈압과 혈당이 모두 정상이 되었습니다. 계방은 이번에도 할머니가 나았다고 했습니다.

그날 오후, 저는 자모를 부축해 침대에 앉히고, 계방은 죽을 드렸습니다. 자모께서는 염불을 하시면서 죽을 드셨습니다. 이때 베게 밑에 주야로 틀어놓고 있던 염불기에서 갑자기 중복된 염불 소리가 흘러 나왔습니다. 계방은 '염불기가 고장 난 게 아닌가?' 했는데 금세 정상으로 돌아왔습니다.

자모께서는 죽을 반쯤 드시고 나서 눈을 크게 뜨고 서쪽에 모셔져 있는 아미타불상을 바라보시고는, 다시 고개를 돌려 저를 바라보셨습니다. 그러고는 허공을 우러러 보시면서 두 번 "아미타불, 아미타불"을 부르시고, 세 번째로 "아……"가 끝나기 전에 극락왕생하셨습니다.

우리는 자모를 위해 조념助念을 시작했습니다. 자모께서는 1995년 5월 29일 4시 45분에 왕생하셨으며, 몸은 아무런 고통도 없었고(자모께선 당뇨가 있어 왼발 뒤꿈치가 썩어 문드러진 지 2개월쯤 되셨고, 상처가 쉽게 아물지 않았는데 일주일 전에 씻은 듯이 나았고, 흉터조차 남지 않았으며 다리의 붓기도 완전히 빠졌다. 정말 불가사의한 일이었다), 정념 또한 분명했으며, 염불 속에서 조용히 눈을 감고 편안하게 가셨습니다. 가시는 모습이 소탈하고 환희심이 넘쳤는데, 향년은 90세였습니다. 마침내 밤낮으로 그리던 극락으로 왕생하신 것입니다.

자모께서 왕생하시기 한 달 전, 정공 스님은 미국에서 빠른우
편으로『칙종수지飭終須知』(임종 때 꼭 알아야 할 사항. 세료世了 스
님 저술)를 보내오셨습니다. 아마 이 책이 저에게 매우 중요함을
예견하셨을 것입니다. 책을 보고 난 후에 왕생 전후의 주의사항
들을 알 수 있었습니다.

자모께서 왕생하시던 날, 몇 분의 신도님들을 집으로 모셔서
염불이 끊이지 않았습니다. 한밤중이 되자 갖가지 서상이 나타
났습니다. 신도님들은 자모의 정수리에서 방광을 보았는데, 채
색을 본 사람, 황금색을 본 사람, 증기를 본 사람도 있었습니다.
실내에는 기이한 향기가 가득하였고, 자모의 낯빛은 생시와 같
았으며, 편안하게 마치 잠에 든 듯했습니다.

이튿날(5월 30일), 신도님들은 번갈아가며 주야로 염불하고
요불(繞佛: 서서 주위를 돌며 염불하는 것)해 주셨습니다. 오후 6시
경(왕생 24시간 후)에 신도님들이 자모의 옷을 갈아입히는데, 몸
은 깨끗하여 불결함이 없었고, 얼굴은 불그스름하여 광택이 있
었으며, 몸은 유연하기가 솜과 같았습니다.(목과 수족 관절이 다
생시보다 유연하였다.) 이를 본 신도님들은 환희심이 넘쳐 찬탄하
지 않는 이가 없었습니다.

3일째 되던 날 오전 9시쯤 장엄한 염불 속에서 장례식장 직원
들을 맞이하게 되었는데, 운반을 할 때도 유연하기가 평소와 같
았습니다. 그 직원들은 일찍이 이런 일은 한 번도 본 적이 없다
고 하였습니다. 신도님들은 이것이 염불수행을 한 결과라고 일

러 주었고, 그들에게 불서와 법문테이프를 드렸습니다.(두 시간 다비 후에 유골에서 크고 작은 갖가지 색의 사리와 또 사리화, 지골사리 등이 수백 과가 나왔습니다.) 아미타불! 그들도 한없이 기뻐했습니다.

자모께선 비록 글을 모르셨지만, 스님의 가르침을 받고 불법을 듣고 나서 정토에 대한 신심이 아주 돈독했으며, 큰 원을 세우시고 일심으로 정성을 다해 염불하셨습니다. 미리 갈 시간을 알았으며, 마침내 염불하시면서 극락왕생하셨고, 기쁜 마음으로 가셨습니다.

자모의 왕생은 저희 집안에 본보기를 보여주셨으며, 염불왕생의 모습을 직접 지켜볼 수 있게 해주심으로써, 차후 저희들이 더욱더 열심히 불법을 배우고 염불할 수 있도록 격려해 주셨습니다.

끝으로, 법우님들이 보리심을 발하고 일향전념一向專念하셔서 반드시 다함께 저 극락세계에 왕생하시기를 축원하면서 보고를 마치겠습니다.

감사합니다. 나무아미타불.

서서 왕생하신 스님

{ 번역: 서현 스님 }

제한(諦閑, 1858~1932) 스님은 중국 근대불교의 삼대 고승(인
광, 허운, 제한) 중의 한 분으로서 천태종의 법맥을 이었으며,
정토를 널리 설하였고, 많은 훌륭한 제자들을 양성하셨다. 이
글은 제한 스님의 제자인 담허倓虛 스님이 직접 스승으로부터
들은 사례를 번역한 것이다.

제한 스님의 말씀에 의하면, 여러 해 전에 제자가 한 분 있었
는데 출가 전엔 손재주가 있어 깨어진 쟁반, 접시, 그릇, 자기 등
을 때우는 일을 하였다고 한다. 옛날에는 그릇이 서너 조각으로
깨어졌어도 때워 쓸 수 있었다고 한다.

그때 제한 스님께서는 금산사(金山寺: 중국 영파寧波에 있는 유
명한 참선 도량)에서 참선을 하고 계셨다. 스님께서는 일찍이 강
경講經을 시작하여 몇 년이 지났지만 참선을 해본 적이 없다는
이유로 설법이 힘을 얻지 못했다. 그래서 제한 스님은 참선이
뭐 대수냐며 금산사에 여러 해 머물면서 참선을 하셨다. 그래야

만 나중에 강경을 하더라도 믿고 들어주는 사람이 있겠기 때문이었다.

제한 스님이 금산사에 계실 때, 어느 날 고향에서 아는 사람이 찾아 왔는데 어릴 적부터 같이 놀던 친구였다. 당시 제한 스님은 금산사에서 원주 소임을 보고 있었는데, 고향 친구가 찾아온 것이었다. 그는 출가를 하겠다며, 제한 스님을 스승으로 모시겠다고 하였다. 제한 스님이 그에게 말씀하셨다.

"자넨 안 되네! 출가를 하겠다니? 나이도 있고, 마흔이 넘도록 글을 배우지 못했으니 경전은 배울 수도 없고, 고행도 할 수 없으니, 출가를 하면 스스로 번거로움을 찾는 것이 아닌가?"

이렇게 여러 번 타일렀으나 그는 자신의 의지를 굽히지 않았다. 이 친구는 어려서부터 잘 아는 사이였고 동향인이었으므로 하는 수 없이 받아들이게 되었다.

"자네가 꼭 출가를 하겠다면 내 말을 들어야 하네! 그렇게 한다면 제자로 받아주겠네."

"당연하지. 내가 스님을 스승으로 모시는 이상 스님이 뭐라고 하던 무조건 듣겠네."

"자네가 내 말을 듣겠다면, 지금 나이도 있고 경전도 배울 수 없는 형편이니 직접 수행을 하게나. 내 말을 들어야 하네!"

"내가 출가만 할 수 있다면 무슨 말이든 다 듣겠네."

제한 스님이 말씀하셨다.

"옛날에 자네 같은 사람이 출가 수행하여 도를 이루었네. 자네도 그 사람을 따라 배우게!"

"스님의 말씀이라면 다 듣겠네. 날 제자로만 받아준다면!"

"자넨 출가 후 계를 받을 필요가 없네. 내가 자네에게 작은 암자 하나를 찾아줄 테니, 자네는 문밖을 나가지 말고 노실(老實, 성실)하게 염불만 하게. 내가 공양주를 찾아줄 테니 밥걱정은 안 해도 될 걸세."

당시 남방의 영파에는 불교를 믿는 사람이 매우 많았으며, 지방마다 거의 작은 암자들이 있었고, 많은 사람들이 암자를 찾아 예배를 하고 기도를 했다. 제한 스님은 예전에 거기서 삼 년을 머문 적이 있다고 했다.

"아무 일도 하지 말고 오직 '나무아미타불'만 부르면 되네. 부르다가 지치면 쉬고, 쉬고 나면 다시 부르고, 밤이든 낮이든 끊이지 않고 염불하게! 아무 일도 상관 말고, 때가 되면 밥 두 끼 먹고. 내가 좋은 공양주를 찾아주겠네."

제한 스님은 당시 이름이 널리 알려졌으므로 신도들이 많았다. 그래서 아는 신도들에게 이 일을 부탁하였다. 그러고 나서 친구에게 수행 방법을 가르쳐 주었는데, 곧 폐관수행이었으며 또는 방편관이라고도 한다. 암자 하나에 한 사람만 머물렀는데, 매일 노보살 한 분이 공양시간이 되면 암자로 오셔서 밥을 지어 드렸다.

(그 친구 분은) 제한 스님으로부터 수행 방법을 듣고 나서 '틀림없이 좋은 수행이다. 이렇게 수행하면 틀림없이 좋은 결과가

있을 것이다'라고 생각했지만, 나중에 도대체 무슨 좋은 결과가 있는지는 몰랐다.

그 뒤로 삼사 년을 염불하면서 바깥출입을 하지 않았다. 그때는 초발심 때였으므로 용맹정진하였다. 속담에 이런 말이 있다.

"출가한 지 1년이면 부처가 눈앞에 있고, 출가한 지 3년이 지나면 부처는 영산에 가 있다."

사람이 초발심일 때는 그 마음이 매우 진실하나 시간이 흐를수록 해이해져 대수롭지 않게 생각하기 때문이다.

그는 제한 스님의 말씀을 듣고 잠에서 깨어나면 곧장 염불을 하였다. 예전에 장사를 할 때 물건을 메고 다녀 다리에 힘이 있었으므로 요불을 하면서 염불을 하였고, 힘이 들면 앉아서 염불하였다. 제한 스님도 그의 염불 수준이 어느 정도인지는 몰랐다.

이렇게 염불한 지 삼사 년이 지난 어느 날, 밥을 하러 온 노보살에게 "내일은 점심을 안 하셔도 됩니다"라고 하였다.

삼사 년 동안 어딜 다니는 걸 못 봤으나 '누가 점심공양을 대접하겠지' 하고 노보살은 생각했다. 그의 말에 의하면 그 지방에 친척이 두 분 있었다고 한다.

바깥을 다녀온 그는 "내일은 아침밥을 짓지 않아도 됩니다"라고 했다.

이에 노보살은 '내일 누가 아침공양을 대접하겠지'라고 생각했다.

이튿날, 스님이 걱정된 보살은 공양시간이 되자 암자로 와서 그가 돌아왔는지 살펴보았다. 작은 암자이고 빈궁하여 도둑 걱정이 없었으므로 대문을 잠그지 않았다.

"스님, 공양 드시고 돌아오셨어요?"

몇 번을 불러도 대답이 없자 집안을 들어가 보니, 그는 침대 옆에 서서 얼굴은 창밖을 향하고 손에는 염주를 들고 있었다. 노보살이 보고는 다시 한 번 불러보아도 대답이 없어 가까이 가서 자세히 보니, 이미 죽은 상태였다. 서서 죽어 있었다. 염불하며 서서 죽은 것이다. 깜짝 놀란 보살은 인근 마을로 달려갔다.

"스님이 서서 죽었다!"

많은 사람들이 암자로 와서 보니 스님은 한손엔 염주를 들고 한손엔 재(灰)를 쥐고 있었다. 손가락을 펴 보니 손에서 여덟아홉 개의 현대양(現大洋: 은으로 만든 돈)이 나왔다. 예전에 장사를 할 때 번 돈이었는데, 죽은 후에 아무도 모를까봐 손에 들고 있었던 것이었다. (이 돈으로 자신의 장례를 치러 달라는 것이 제한 스님의 해석이었다.) 나중에 신도들이 제한 스님에게 이 소식을 전하였다.

"스님! 스님의 제자가 서서 죽었습니다."

소식을 들은 이튿날, 제한 스님은 배를 타고 암자를 찾아가셨다. 가서 보니 죽은 지 이삼 일이 지났지만 여전히 꼿꼿이 서 있는 것이었다.

제한 스님은 그의 장례를 치르면서

"장하구나! 이번 출가가 결코 헛되지 않았네. 그 큰스님이나

총림의 방장, 주지보다도 훨씬 뛰어나네! 자네 같은 성취가 있는
사람도 보기 드무네!"라며 극찬을 하셨다.

나무아미타불.

왕치두 스님의 염불삼매와 극락왕생

{ 번역: 아미자阿彌子 }

왕치두王癡頭는 본명이 아니고 별명으로, 너무나 어리석어서 치두란 이름을 붙이게 된 것이다.

청淸나라 때 직예直隸란 지방에 사시던 스님이다. 어려서 일찍이 조실부모하여 아무 데도 의탁할 곳이 없어 걸식을 하면서 세상을 살아가고 있었다. 그리고 너무나 어리석어서 남의 집 심부름꾼도 할 수 없는 처지였다. 그리하여 처음엔 다니면서 얻어먹다가, 나중에는 그것마저 하기 싫어서 사람들이 많이 다니는 길가에다 거적때기로 움막을 매고는 행인들에게 한푼 두푼 얻어 가지고 겨우 연명을 해가고 있었다. 사람들이 주는 돈의 액수조차 전혀 몰랐다. 참으로 불쌍한 아이였다.

그러다가 어떤 스님이 그 광경을 보시고는 불쌍하게 여기시어 절에 데려가서 제자로 삼았으니, 그는 그 지방의 절에 계시는 진도인陳道人이라는 스님이다.

왕치두는 너무나 우둔하고 어리석어서 아무것도 가르칠 수가 없었으며, 또한 일도 어려운 일은 시킬 수가 없었다. 그리하여 공부로는 아미타불 염불을 시키니, 그것은 그대로 하기는 하나 그나마도 업장이 두터워 항상 잠이 와서 조느라고 옳게 하지를 못하였다.

그리하여 진도인께서는 왕치두를 위하여 회초리를 하나 해다 놓고는 졸기만 하면 그 회초리로 때려주면서 하시는 말씀이

"네가 업장이 두터워서 그처럼 어리석으면서도 부지런히 염불을 하지 않고 졸고만 있으면 어찌 되느냐!"하고 꾸지람을 해 주셨던 것이다.

한편 왕치두가 하는 일이란 낮에는 도량 청소와 산에 가서 나무를 조금씩 해오는 것이며, 밤에는는 부처님께 예배禮拜를 드리는 것이었다.

그와 같이 해나가기를 3년이라는 세월이 흘렀다. 그리하여 이제는 염불을 제대로 잘하게 되었다. 그러던 중 하루 저녁에는 염불을 하다가는 크게 웃어대는 것이었다. 그래서 진도인께서 회초리로 때려 주려고 했다. 그런데 전일에는 때리면 그냥 맞고 있었는데, 이상하게도 그날 저녁에는 두 손으로 회초리를 막으면서 하는 말이

"전일에는 스님께서 저를 위하여 때려 주셨지만 오늘 저녁에는 제가 스님을 위하여 한 말씀 해드릴까 합니다"라고 하는 것이었다. 참으로 이상스럽고 의아스러운 일이었다. 그리고는 하는 말이

"스님께서는 18년간이나 앉아 수행을 하셨으나 아직도 닦는

법을 제대로 모르고 계십니다. 만일 스님께서 아미타불을 속히 친견하고자 하시려면 저와 같이 노실老實하게 염불을 하셔야만 할 것입니다"라고 하였다.

그 말을 들은 진도인은 놀라지 않을 수 없었으며, 또한 어떻게 된 영문인지를 잘 알 수가 없었다. 실은 진도인께서도 염불수행을 하고 있는 것이었으나 아직 아무런 가피加被를 못 입고 있는 처지였는데, 왕치두는 삼매三昧를 얻어 부처님을 친견하여 지혜안智慧眼이 열리게 된 것이었다.

그 이튿날이었다. 왕치두는 전일과 같이 산에 나무를 하러 가더니 종일 돌아오지 않았다. 진도인은 매우 궁금하게 생각하여 들로 찾아보러 나갔다. 그러나 사방을 둘러보아도 보이지 않았다.

때는 석양이 지나 어둠이 찾아들 무렵이었다. 저 멀리 언덕에서 서기瑞氣가 비치고 있었다. 그곳에 달려가서 보니, 왕치두가 그곳에 있는데 서쪽을 향해서 합장을 하고 서 있었다. 그런데 그 몸에서는 아름다운 광채가 빛나고 있었으며, 이상한 향취가 온 들에 풍기고 있었는데 이 세상에서는 맡아볼 수 없는 아름다운 향취였으며, 서 있는 모습은 마치 보살의 상호처럼 거룩해 보이기만 하였다.

왕치두는 서쪽을 향해 합장하고 서서 그대로 이 세상을 떠나고 만 것이었다. 이 얼마나 장하고 거룩한 모습인가! 이를 본 진도인은 자신도 모르게 고개를 숙여 경건한 마음으로 절을 하였다. 그리하여 화장을 하고 나니 백옥 같은 사리가 두 과가 나왔는데, 찬란한 광채가 눈부시게 빛나고 있었다.

그처럼 어리석고 둔한 분도 염불한 공덕으로 지혜안이 열리게 되었고 또한 그와 같은 훌륭한 왕생극락을 하게 되었으며, 이에 훌륭한 사리까지 나오게 된 것이니, 염불의 공덕이 얼마나 수승한 것이며 또한 염불의 위신력威神力이 얼마나 위대한 것인가를 가히 알 수가 있는 것이다. 이러한 왕치두 스님 같이 어리석고 둔한 분도 염불하여 그처럼 훌륭한 왕생극락을 한 것이거늘, 그 누가 염불하여 왕생극락을 못하는 사람이 있다고 말할 수가 있을 것인가!*

---

* 이 정토 영험기는 아미자란 분이 편저하고 보련각에서 불기 2545년 (2001)에 펴낸 『왕생전』에서 발췌한 것이다.

진주 연화사의 송 보살 이야기

{ 청담 큰스님 }

경상남도 진주에 가면 송 보살이라고, 내(청담 스님)가 어려서 봤는데, 길가에 다니다가 만나서 우리가 "어디 가십니까?" 인사를 하면, "응" 하고 사람은 쳐다보지도 않고 그대로 가기만 하는 그런 여성이 한 분 있었습니다.

내가 중이 된 뒤 그이가 거의 90살이나 살다가 돌아가셨는데, 그 집이 가난한 살림이라 절에 불공이 있으면 와서 거들어 주고 떡 부스러기나 얻어다 아이들 먹이는 그런 형편이었습니다. 그렇게 가난하게 살면서도 염불을 자나 깨나 하고 있는 그런 보살입니다.

그분이 돌아가신 뒤에 내가 진주에 가보니까, 시내 연화사蓮華寺 포교당에 낯선 탑이 하나 생긴 것을 보고 "이게 무슨 탑이냐?"고 물었더니, 이렇게 얘기하는 것을 들었습니다.

이 송 보살이 자기가 죽기 나흘 전에 진주 신도들을 일일이 다 찾아보면서 "내가 나흘 뒤 아무 날, 저녁을 먹고서 어둑해질 때 가겠으니 부디 염불 잘하십시오. 나는 먼저 극락세계에 가니까

144

같이 거기 가서 만납시다."

이런 인사를 하고 다니는데, 사람들은 아마 나이가 하도 많은 노인이라 망령이 들어서 정신이 좀 이상해진 것 같다고 모두 곧이듣지를 않고 지나쳐 버렸습니다.

그런데 그날 아침을 먹고 나서 손자고 누구고, 식구들을 아무데도 못 가게 하고 불러 앉혀 놓더니, "내가 오늘 저녁때 해질 무렵에 간다. 너희들은 부디 딴 짓 하지 마라. 극락도 있는 거고, 천당도 있고 지옥도 있는 줄 알아라. 또 사람이 부처가 되는 법이 있으니 명심하고 신심으로 살아야 한다"고 당부를 하더라는 겁니다.

일념으로 마음이 통일이 되어 놓으니까 무식한 노인이지만, 밝은 마음의 혜慧가 열려서 무얼 알았던 모양입니다. 그리고 오후가 되니까 물 데워 오라고 해서, 목욕을 하고 새 옷으로 갈아입고는 "너희들 밥 먹고 나서 아무 데도 가지 마라. 저녁 일찍 해 먹으라"고 하는 것이었습니다.

그래서 식구들은 할머니가 뭐 정신이 돌았거나 망령이 든 것 같지도 않게 태연하고 엄숙하니까, 행여나 싶어서 식구들이 모두 시키는 대로 저녁 일찍 해 먹고, 아이들도 모두 못 나가게 하고 그랬는데, 어두워지기 시작하니 요를 펴라고 해서 요를 펴니, 요 위에 앉아서 또 얘기를 합니다.

"이 세상이 다 무상無常하다. 여기는 고해苦海이고 불붙은 집이니, 절대 방심하지 말고 너희들 일 좀 해야지, 맨날 몸뚱이를 그렇게 가꾸어 줘봐야 갈 때는 헛수고했다고 인사도 안 하고 나를 배반하고 가는 놈이여. 몸뚱이라는 건 그런 무정한 놈이니 그 놈만 위해서 그렇게 살지 말거라. 나도 평생에 염불해서 이런 좋은 수가 있지 않느냐. 90까지 장수도 하고 병 안 앓고 꼬부라지지도 안 하고, 그리고 가는 날짜 알고. 내가 지금 말만 떨어지면 간다. 곧 갈 시간이 되었어. 이러니 너희들도 그랬으면 좀 좋겠느냐. 두 달이고 일 년이고 드러누워 똥을 받아 내고, 이래 놓으면 그 무슨 꼴이냐. 모자간에 서로 정도 떨어지고 얼마나 나쁘냐. 부디 신심으로 염불도 하고 부디 그렇게 해라."

이렇게 말한 뒤 살며시 눕더니 사르르 잠든 것처럼 가버렸는데, 그리고 얼마 있다가 그 집에서 굉장히 좋은 향내가 나고, 또 조금 있으니 서쪽을 향해서 환히 서기방광瑞氣放光을 해서 소방대가 불났다고 동원이 되기까지 했다는 겁니다.

불교 신도들이 이 소문을 듣고 송 보살이 '예언한 대로 돌아갔다, 열반을 했다' 이래 가지고, 진주 신도라는 신도는 수천 명이 모여 와서 송장에 대해서도 부처님같이 생각하고, 무수배례無數拜禮하고 마당에서, 길에서, 뜰에서 신도들이 꽉 차게 모여 가지고 절도 하고, 돈도 내고, 이래서 장사를 아주 굉장하게 화장으로 지내는데, 사리가 나와서 사리탑을 지어 모셔 놓은 것이 연화사에 있는 저 탑이라는 것입니다.*

* 위 정토영험은 청담 선사(靑潭禪師, 1902~1971)의 『금강경대강좌』(양우당, 1977)에 수록된 내용을 참고하여 정리한 것이다.

이 법륜각 보살의 염불과 왕생

{ 태원 스님 구술 }

이 법륜각 보살은 서울 정릉 보국사 신도이다. 1923년 평남 안주에서 태어났는데, 한국전쟁 때 월남하여 서울에서 살면서 정릉의 보국사에 다녔다. 법륜각 보살은 처음에는 참선에 관심을 가지고 참선수행을 하였는데, 인천 용화사의 송담 큰스님을 친견하고 그분의 가르침에 따라 간화선을 수행하였다 한다.

그렇게 참선에 몰두하였으나 간화선이 최상승인지라 자신의 근기에 맞지 않다고 여기고 있던 차, 1960년경 보국사에서 대동염불회를 조직하여 정토염불법을 크게 펼치신 자운(慈雲, 1911~1992) 큰스님을 만나게 되면서부터 정토염불을 알게 되었다. 자운 노스님께서는 3.1운동 독립선언에 참여한 33인이었던 용성龍城 큰스님의 전법제자로, 1981년부터 전계대화상을 역임하셨으며, 해인사에 계실 때는 수산秀山 스님과 함께 만일염불회를 결사하시어 정토왕생업을 닦으셨고 또 보국사에 오셔서는 대동염불회를 조직하시어 정토염불을 널리 펼치신 분이시다. 1992년 자운 스님께서 해인사에서 열반하실 때에는 "서쪽을 향하여 합장하고 단정히 앉아 아미타불의 명호를 칭명하면서 조용히 입적하시니, 향기가 진동하고 묘음이 청아하였으며, 염불 소리와 함께 입으로부터 오색광명이 서쪽하늘을 가득 메웠다"고한다.

법륜각 보살은 보국사에서 이러한 자운 스님으로부터 정토법문을 배우게 된 것이다. 그리하여 그동안 수행하던 참선을 내려놓고 서방정토에 귀의하여 오로지 '나무아미타불' 염불만 하였다. 이로부터 30여 년간을 한결같이 하루에 10만 독씩 염불하셨다고 한다. 10만 독이라면 하루 온종일 염불을 놓지 않았던 셈이다.

하루는 당시 보국사 주지였던 태원 스님이 법륜각 보살의 집을 방문한 적이 있었는데, 그때 법륜각 보살은 텔레비전을 보면서 염주를 돌리고 있었다. 스님께서 "텔레비전을 보면서 염불하면 염불이 제대로 되겠느냐?"고 물으셨다. 법륜각 보살은 웃으면서 "그래도 염불이 됩니다"고 대답하였다. 스님은 이 말을 듣고 속으로 의아스러웠다. 상식적으로 텔레비전을 보면서 염불한다는 것이 불가능하다고 생각되었기 때문이다. 그러나 사실 법륜각 보살은 일상생활 속에서도 걸림 없이 염불이 돌아가는 경지에 있었던 것이다.

당시 보국사의 대동염불회는 만일염불회의 전통을 계승하여 대단한 신심과 원력으로 염불결사를 한 모임으로, 대표는 회서 懷西 홍인표(洪仁杓, 1880~1964) 거사가 맡고 있었다. 홍인표 거사는 임종 후 사리가 나올 정도로 철저히 수행한 선지식이었다 한다. 그리고 그가 지은 『연종집요蓮宗集要』는 한국 근현대불교사에서 정토에 대해 최초로 체계적이고 종합적인 서술을 한 저서로 평가받고 있다. 법륜각 보살은 바로 이러한 대동염불회의 수행 분위기 속에서 염불수행에 매진하였던 것이다. 재가자들이 모여 이렇게 염불수행을 열심히 할 수 있었던 밑바탕에는 자운 노스님의 원력이 있었기 때문에 가능하였다. 자운 스님께 비구계를 받고 스님과 함께 해인사에서 염불만일회를 결사한 수산 스님도 대구에서 염불선원을 세워 수많은 재가 염불행자들을 배출하셨으며, 수산 스님께 염불법을 배우신 법장法藏 스님께서도 경주 미타사에서 1985년 염불만일연회를 결사하여 20년 넘게 염불수행과 포교를 해 오시는데, 여기에는 자운 스님의 큰 원력이 밑받침되고 있다고 볼 수 있기 때문이다.

법륜각 보살은 평소 심장이 안 좋았는데, 왕생하기 수개월 전에는 병환이 심해져 몇 차례 병원 입원을 한 적이 있었다. 길게는 열흘, 짧게는 일주일 정도 입원하였다가 다시 일상으로 돌아오곤 하였다. 이즈음에 법륜각 보살과 아는 분이 보살님을 도와드리며 함께 생활하고 있었는데, 법륜각 보살이 병원에 입원할 때도 늘 함께 따라가서 간병해 주곤 하였다. 법륜각 보살은 간병 도우미인 그분에게 불교를 가르쳐 주어 불법에 귀의하게 하고, 보국사에도 함께 가곤 하였다.

1998년 어느 날, 법륜각 보살이 세 번째인가 네 번째로 병원에 입원하였을 때였다. 이때도 간병인이 함께 가서 간병을 해 주었는데, 이번에는 병환과 노환이 심해 더 이상 생명을 이어가기가 어려울 것 같았다. 임종할 때가 다 된 것이다.

법륜각 보살은 침대에 누워서 임종에 임박한 상황에서도 평소와 다름없이 염불을 하고 있었다. 그러다가 어느 순간 갑자기 "부처님이 오신다!", "부처님이 오신다!" 하고 두 번이나 외치고는 몸소 침대에서 내려와 서쪽을 향하여 세 번 절을 올리는 것이었다. 그리고는 다시 침대에 돌아와 조용히 숨을 거두었다. 이것은 그 자리에 함께 있었던 간병인이 분명히 목격한 사실이다. 간병인은 나중에 태원 스님께 이 놀라운 사실을 이야기함으로써 비로소 세상에 알려지게 된 것이다.

태원 스님은 이 이야기를 전해 듣고, 예전에 법륜각 보살이 텔레비전을 보면서도 염불이 된다는 말을 비로소 의심 없이 믿었을 뿐 아니라, 평상시에도 지극한 정성으로 꾸준히 염불하였다는 사실을 알게 되었다. 왜냐하면 웬만한 수행력을 지닌 고승이라 해도 임종에 이르러서는 온몸의 기운이 다 빠져나가는 상황이기에 앉아 있기도 불가능한 처지인데, 법륜각 보살은 임종을 바로 앞둔 상황에서도 믿을 수 없을 정도로 멀쩡히 일어나 침대에서 내려와 서쪽을 향해 삼배를 하고는, 태연히 침대로 돌아가 편안히 왕생하였기 때문이다. 이는 평소에 지극정성으로 염불한 공덕이 있었기에 가능한 일이며, 이러한 염불공덕으로 임종 직전에 아미타부처님의 내영來迎을 받고 가피를 받았기에 가능한

일이라 하지 않을 수 없다.[*]

제4부

조념법요집*

옮기고 엮은이: 서현 스님

* 임종 전후에 주변 사람들이 임종자를 위해 염불함으로써 임종자가 편안하게 극락에 왕생할 수 있도록 도와주는 것을 조념助念이라 하는데, 이「조념법요집」은 대만에서 임종 조념염불로 유명한 감인鑑因 법사님이 평상시에 임종인을 위한 조념을 거행하던 절차와 법요를 정리한 것이다. 법요집의 내용 중에 법문을 하고 안내를 하는 '스님'은 감인 법사님인데, 대만에서 거행되던 것이라 한국적 상황에 어색한 부분은 약간 수정하였다. 이 법요집은 원래 법보시 전문출판사 삼보제자에서 법보시로 발간하는 것인데, 번역을 하신 서현 스님과 삼보제자의 허락을 얻어 이곳에 싣는 것임을 밝혀둔다.

1. 불설아미타경

● 정구업진언

　수리수리 마하수리 수수리 사바하(3번)

● 오방내외안위제신진언

　나무 사만다 못다남 옴 도로도로 지미 사바하(3번)

● 개경게

　위없고 매우 깊은 미묘 법문

　백천만겁에 만나기 어렵사온대

　제가 지금 받아 지니오니

　원컨대 여래의 진실한 뜻

　깨쳐지이다.

● 개법장진언

옴 아라남 아라다(3번)

나무 연지해회 불보살(3번)

불설아미타경

나는 이와 같이 들었다. 한때 부처님께서 사위국 기수급고독원에서 큰 비구 1,250인과 함께 계셨으니, 이들은 모두 큰 아라한들로서 대중들에게 널리 알려진 이들이었다.

장로사리불, 마하목건련, 마하가섭, 마하가전연, 마하구치라, 이바다, 주리반타가, 난타, 아난타, 라후라, 교범바제, 빈두로파라타, 가류타이, 마하겁빈나, 박구라, 아누루타 등 이러한 많은 큰 제자들과 여러 보살마하살인 문수사리법왕자, 아일다보살, 건타하제보살, 상정진보살 등과 같은 이러한 많은 큰 보살들과 또 석제환인 등 한량없는 천상의 대중들과 함께 계셨다.

그때 부처님께서 장로 사리불에게 말씀하시되, 여기에서 서쪽으로 십만 억의 불국토를 지나가면 세계

가 있으니 그 세계를 극락이라 이름하느니라. 그 국토
에 부처님이 계시니 명호를 '아미타'라고 하시며 지
금 설법하고 계시느니라.

사리불이여! 저 국토를 어찌하여 극락이라 이름하
는가? 그 국토의 중생은 갖가지 많은 고통이 없고 다
만 온갖 즐거움만 누리므로 극락이라 이름하느니라.
또 사리불이여! 극락국토에는 일곱 겹의 난간과 일
곱 겹의 그물과 일곱 겹으로 줄지어선 나무들이 있고,
네 가지 보배가 그 주위를 모두 둘러싸고 있느니라.
이러한 까닭에 저 국토를 극락이라 이름하느니라.

또 사리불이며! 극락국토에는 칠보로 된 연못이 있
고, 그 연못 안에는 여덟 가지 공덕을 갖춘 물이 가득
차 있고, 연못 바닥에는 순금 모래가 깔려 있으며,
연못 사방에는 계단이 있어 금·은·유리·파려로
이루어져 있고, 그 위에는 누각이 있어 역시 금·은·
유리·파려·자거·적주·마노의 일곱 가지 보석으로
장엄되어 있으며,

연못 안에는 연꽃이 피어 크기가 수레바퀴와 같아 푸른 연꽃에서는 푸른 광채가, 노란 연꽃에서는 노란 광채가, 붉은 연꽃에서는 붉은 광채가, 흰 연꽃에서는 흰 광채가 뿜어져 나와 미묘하고 향기롭고 정결하기 그지없느니라. 사리불이여! 극락국토에는 이와 같은 공덕장엄이 성취되어 있느니라.

또 사리불이여! 저 불국토에는 항상 천상의 음악이 울려 퍼지고 땅은 황금으로 이루어졌으며, 밤낮 여섯 때로 만다라 꽃비가 내리느니라. 그 나라 중생들은 항상 매일 새벽, 꽃바구니에 많은 미묘한 꽃을 가득 담아 다른 세계 십만 억 부처님께 공양하고, 곧 식사 때 본국에 돌아와 식사를 마치고 경행하느니라. 사리불이여! 극락국토에는 이와 같은 공덕장엄이 성취되어 있느니라.

또한 사리불이여! 저 국토에는 언제나 갖가지 기묘한 여러 빛깔의 새들인 백학·공작·앵무·사리·가릉빈가·공명 등의 새가 있고, 이러한 여러 많은 새들이 낮과 밤 여섯 때로 부드럽고 아름다운 소리를 내나니,

그 소리는 오근·오력·칠보리분·팔성도분과 같은 여러 가지 법을 연설하며, 그 국토의 중생들은 이 소리를 듣고 모두 부처님을 생각하고 불법을 생각하며 스님들을 생각하게 되느니라.

사리불이여! 그대는 이 새들이 실제 죄의 과보로 생겼다고 말하지 말지니라. 왜 그러냐 하면, 저 불국토에는 삼악도가 없기 때문이니라. 사리불이여! 저 불국토에는 삼악도라는 이름도 없거늘 하물며 실제로 그런 것이 있겠느냐? 이러한 많은 새들은 모두 아미타불께서 법음을 펴시고자 변화하여 만들어낸 것이니라.

사리불이여! 저 불국토에 산들바람이 불어오면 줄지어 선 여러 보배나무와 보배그물이 흔들려 미묘한 소리를 내나니, 이는 마치 백천 가지 음악이 동시에 연주됨과 같아, 이 소리를 듣는 사람은 자연히 부처님을 생각하고, 불법을 생각하며, 스님들을 생각하는 마음이 생기느니라. 사리불이여! 그 불국토에는 이와 같은 공덕장엄이 성취되어 있느니라.

사리불이여! 그대의 뜻에는 어떠한가? 저 부처님을 어떤 이유로 '아미타'라 부르는지 아는가? 사리불이여! 저 부처님의 광명이 무량하여 시방의 국토를 걸림 없이 비추나니, 이런 까닭에 '아미타'라 이름하느니라.

또 사리불이여! 저 부처님과 그곳 사람들의 수명이 무량무변 아승지겁이니, 이러한 까닭에 '아미타'라 이름하느니라. 사리불이여! 아미타부처님이 성불하신 지가 지금 십겁이 되었느니라.

또 사리불이여! 저 부처님에게는 무량무변의 성문제자가 있으니 이들은 모두 아라한들로서 숫자를 헤아려 알 수 있는 것이 아니며, 모든 보살대중도 다시이와 같으니라. 사리불이여! 저 불국토에는 이와 같은 공덕장엄이 성취되어 있느니라.

또 사리불이여! 극락국토에 태어나는 중생들은 모

두 아비발치의 지위(보리심에서 다시는 물러나지 않는 지위, 초발심주 이상)에 있고, 그중에서 많은 이가 일생보처의 지위에 있으며, 그 수가 심히 많아 헤아려 알 수 없기에, 다만 무량무변의 아승지라고 말할 뿐이니라.

사리불이여! 중생이 이러한 법문을 듣거든 응당 저 국토에 왕생하기를 발원할 것이니라. 왜 그런가 하면 그곳에서는 이와 같은 최상의 선인善人들과 함께 있을 수 있기 때문이니라.

사리불이여! 적은 선근복덕 인연으로는 저 국토에 왕생하지 못하나니, 사리불이여! 만약 선남자 선여인이 아미타불을 말함을 듣고 명호를 굳게 지녀 하루 동안이거나 이틀·사흘·나흘·닷새·엿새·이레 동안 한마음으로 산란하지 않으면 그 사람이 임종하려 할 때에 아미타불께서 여러 성중과 함께 그 앞에 나타나서, 이 사람이 임종하려 할 때 마음이 뒤바뀌지 않아 곧바로 아미타부처님의 극락국토에 왕생하느니라.

사리불이여! 나는 이러한 이익을 보았기 때문에 이러한 말을 하나니, 만약 어떤 중생이 나의 이 설법을 듣거든 마땅히 저 국토에 왕생하기를 발원할 것이니라.

사리불이여! 내가 지금 아미타불의 불가사의한 공덕의 이익을 찬탄한 것과 같이, 동방에 계신 아촉비불, 수미상불, 대수미불, 수미광불, 묘음불 등 갠지스 강 모래알 수와 같이 많은 부처님께서는 각기 그 계신 처소에서, 삼천대천세계를 두루 덮을 만큼 크나큰 혀를 내미시어 진실한 말씀으로 "너희 중생들은 이 '불가사의한 공덕을 칭찬하신, 모든 부처님께서 호념하시는 경'을 믿으라"고 하시느니라.

사리불이여! 남방세계에 계신 일월등불, 명문광불, 대염견불, 수미등불, 무량정진불 등 갠지스 강 모래알 수와 같이 많은 부처님께서도 각기 그 계신 처소에서, 삼천대천세계를 두루 덮을 만큼 크나큰 혀를 내미시어 진실한 말씀으로 "너희 중생들은 이 '불가사의한 공덕을 칭찬하신, 모든 부처님께서 호념하시는 경'을 믿으라"고 하시느니라.

사리불이여! 서방세계에 계신 무량수불, 무량상불, 무량당불, 대광불, 대명불, 보상불, 정광불 등 갠지스 강 모래알 수와 같이 많은 부처님께서도 각기 그 계신 처소에서, 삼천대천세계를 두루 덮을 만큼 크나큰 혀를 내미시어 진실한 말씀으로 "너희 중생들은 이 '불가사의한 공덕을 칭찬하신, 모든 부처님께서 호념하시는 경'을 믿으라"고 하시느니라.

사리불이여! 북방세계에 계신 염견불, 최승음불, 난저불, 일생불, 망명불 등 갠지스 강 모래알 수와 같이 많은 부처님께서도 각기 그 계신 처소에서, 삼천대천세계를 두루 덮을 만큼 크나큰 혀를 내미시어 진실한 말씀으로 "너희 중생들은 이 '불가사의한 공덕을 칭찬하신, 모든 부처님께서 호념하시는 경'을 믿으라"고 하시느니라.

사리불이여! 하방세계에 계신 사자불, 명문불, 명광불, 달마불, 법당불, 지법불 등 갠지스 강 모래알 수와 같이 많은 부처님께서도 각기 그 계신 처소에서, 삼천대천세계를 두루 덮을 만큼 크나큰 혀를 내미시어 진실한 말씀으로 "너희 중생들은 이 '불가사의한 공덕을 칭찬하신, 모든 부처님께서 호념하시는 경'을 믿으라"고 하시느니라.

사리불이여! 상방세계에 계신 법음불, 수왕불, 향상불, 향광불, 대염견불, 잡색보화엄신불, 사라수왕불, 보화덕불, 견일체의불, 여수미산불 등 갠지스 강 모래알 수와 같이 많은 부처님께서도 각기 그 계신 처소에서, 삼천대천세계를 두루 덮을 만큼 크나큰 혀를 내미시어 진실한 말씀으로 "너희 중생들은 이 '불가사의한 공덕을 칭찬하신, 모든 부처님께서 호념하시는 경'을 믿으라"고 하시느니라.

사리불이여! 그대의 생각에는 어떠한가? 어떤 이유로 (이 아미타경을) 일체 제불께서 호념하시는 경이라고 이름하는가?

사리불이여! 만약 어떤 선남자나 선여인이 이 경을 듣고 받아 지니거나 여러 부처님의 명호를 듣게 되면 이 모든 선남자 선여인은 일체 모든 부처님의 호념을 받아 모두 아뇩다라삼먁삼보리에서 물러나지 않나니, 이런 까닭에 사리불이여! 너희들은 마땅히 나의 말함과 여러 부처님의 말씀을 믿고 받아 지녀야 하느니라.

사리불이여! 만약 어떤 사람이 이미 발원하였거나 지금 발원하거나 앞으로 발원하여 아미타부처님의 불국토에 왕생하고자 한다면, 이 모든 사람들은 모두 아뇩다라삼먁삼보리에서 물러나지 않나니, 이들은 저 국토에 이미 났거나 지금 나거나 장차 나리라.

이러한 까닭에 사리불이여! 모든 선남자 선여인으로서 (이 경의 가르침을) 믿는 이는 마땅히 저 국토에 태어나기를 발원해야 하느니라.

사리불이여! 내가 지금 모든 부처님의 불가사의한

공덕을 칭찬하는 것처럼, 모든 부처님께서도 역시 나의 불가사의한 공덕을 칭찬하시며 말씀하시기를 "석가모니 부처님께서는 능히 심히 어렵고 희유한 일을 하셨나니 사바국토의 오탁악세의 겁탁, 견탁, 번뇌탁, 중생탁, 명탁 가운데서 능히 아뇩다라삼먁삼보리를 얻으시고 모든 중생을 위하여 이와 같이 일체 세간이 믿기 어려운 법을 설하신다"고 하시느니라.

사리불이여! 마땅히 알라. 내가 오탁악세에서 이처럼 어려운 일을 행하여 아뇩다라삼먁삼보리를 얻고 일체 세간을 위하여 이 믿기 어려운 법을 설하는 것은 심히 어려운 일이니라.

부처님께서 이 경을 설해 마치시니, 사리불과 모든 비구 대중과 일체 세간의 하늘과 사람과 아수라 등이 부처님의 말씀을 듣고, 모두 환희하고 믿어서 받아 지니고 부처님께 예를 올리고 돌아갔다.

● 발일체업장근본득생정토다라니

나모 아미다바야 다타가다야 다지야타 아미리 도
바비 아미리다 싣담바비 아미리다 비가란제 아미
리다 비가란다 가미니 가가나 기다가례 사바하
(3번)

【덧붙이는 말】

『불설아미타경』은 석가모니부처님의 49년 설법의 골수를 담
은 경으로서 고금에 종파를 초월하여 많이 독송되어 왔으며,
이 경의 독송 수행만으로 서방정토에 왕생한 분들이 많이 계
십니다. 『아미타경』의 무량한 공덕은 경에서 말씀하신 것처럼
'불가사의'하여 부처님만이 다 아실 수 있으며, 설사 등각보살
이라 하여도 다 알지 못한다고 하였습니다.

이 경은 서방정토의 중생이 누리는 온갖 즐거움을 설명하시면
서 중생에게 간절하게 극락에 왕생하기를 권유하시며, 그 방
법으로 '나무아미타불' 지명(칭명)염불을 굳게 지닐 것을 말씀
하고 계십니다.

중국의 정토종 12대 조사 철오 선사께서는
"나무아미타불 염불법은 우리 부처님께서 가섭존자에게 전하
신 이심전심의 마음 법문의 핵심이며, 아난존자에게 49년간
설하신 8만 4천 경전의 가르침을 모두 다 포함하고 있다"라고

하셨습니다.

철오 스님의 이 말씀은 실로 만고에 조금도 훼손되지 않는 결정적인 법문입니다.

불자 제위께서는 이 경을 부처님 받들 듯 깨끗한 곳에 모셔 두고 조석으로 틈틈이 경건하게 독송하신 다음, '나무아미타불' 소리 내어 염불하신다면 이 세상에서 많은 복록을 누리고, 임종 시 반드시 서방정토에 왕생하실 것입니다.

나무아미타불

(다만 일반적으로 조념법요에는 '나무아미타불' 염불이 중요한 관건이 되므로, 임종 조념을 할 때는 『아미타경』의 독송을 생략할 수 있으며, 시간적 여유를 두고 조념하는 경우에 독송하는 것이 좋을 것입니다.)

2. 조념의식

■ 불단을 준비한 후, 가족들을 진행자 뒤로 줄을 서게 하되 남자들은 앞, 여자들은 뒤에 서게 한다. 그리고 가능하면 절을 할 수 있는 공간을 확보한다.

■ 가족들은 향을 6대 사른 다음 진행자에게 드린다.
(3대는 불보살님, 3대는 망자에게)

● 향공양(供香)

옴 아미리더 훔 파또 (3번)

원차향화　보변시방
願此香華　普遍十方

공양삼보　호법용천
供養三寶　護法龍天

보훈중생　동입불지
普熏衆生　同入佛智

● 불보살님을 모심(請聖)

부처님을 향하여 반배 (3번)

앙고 나무상주시방불
仰 告 南 無 常 住 十 方 佛

나무상주시방법
南 無 常 住 十 方 法

나무상주시방승
南 無 常 住 十 方 僧

나무본사 석가모니불
南 無 本 師 釋 迦 牟 尼 佛

나무극락세계 아미타불
南 無 極 樂 世 界 阿 彌 陀 佛

나무당래하생 미륵존불
南 無 當 來 下 生 彌 勒 尊 佛

나무시방삼세 일체제불
南 無 十 方 三 世 一 切 諸 佛

나무대지문수사리보살
南 無 大 智 文 殊 師 利 菩 薩

나무대행보현보살
南 無 大 行 普 賢 菩 薩

나무대원지장왕보살
南 無 大 願 地 藏 王 菩 薩

나무대비관세음보살
南無大悲觀世音菩薩

나무대력대세지보살
南無大力大勢至菩薩

제존보살마하살이시여!
諸尊菩薩摩訶薩

현재 ○○○ 거사(이하 거사는 망자에 따라 거사나 보
살로 호칭)님이 ○월 ○일 ○시 ○분에(만약 교통사고
나 타지에서 사망하였다면 장소에 대한 자세한 설명을 요
함) 사망하였습니다.

간절히 바라옵건대,
제불보살님들께서 광명을 놓아 섭수하여 주시고 망
자의 정혼(영혼)을 이곳으로 데려다 주시어, 저희들
과 함께 아미타불을 부르게 해주시고, 망자의 혼이 이
곳에서 법문을 들을 수 있도록 해주십시오!

■ 가족들은 향 3대를 부처님 전에 꽂고, 3대는 망자의 영정사진 앞에 꽂는다.

■ 가족들은 지극정성으로 삼배를 올린다.

■ 서방삼성西方三聖을 소개하며, 진행자가 부르면 가족들은 따라 부른다.

가운데에 계신 이분은 아미타불이시고, 오른쪽에 계신 이분은 대자대비하신 관세음보살님이시며, 왼쪽에 계신 분은 대자대비하신 대세지보살님이십니다.

대자대비하신 불보살님들께서 ○○○(이름)을 극락세계로 데려가 주십시오.

청컨대, ○○○께서는 이곳으로 오셔서 저희들과 함께 아미타불을 부르시고 아미타불을 뵙거든 기쁜 마음으로 따라가십시오.

※ 염불시작

● 쇄정灑淨의식

■ 법문을 할 사람은 망자의 머리맡에 앉고, 가족들은 망자의 주
변에, 연우님들은 가족들의 뒤로 앉는다.

※ 10분 정도 염불

■ 진행자는 5분 정도 염불 후 일어나 부처님 전에 가서 대비주
를 염송한다. 7번~21번

나무관세음보살(3번)

● 쇄정 순서

1) 불단

■ 망자의 머리부터 발끝까지 반복하여 3번.

■ 망자에게 만약 흰 천 혹은 다라니 이불이 덮여져 있다면 걷어
내어야 한다.

■ 망자가 관, 또는 냉동실에 있더라도 반드시 3번을 쇄정한다.
(망자의 가족, 연우)

2) 영당(靈堂. 영안실)

■ 쇄정의식을 마치고 난 후 본래 자리로 돌아온다.

■ 10분이 채 되지 않았다면 계속해서 염불한다.

3) 영가법문

■ 만약 그때까지도 삼귀의를 하지 않았다면 우선 삼귀의부터
한다.

(아석소조 제악업……) (3번)

■ 이때 서방삼성이 머리 위에 계신다고 관觀을 하며 반배.

■ 영가와 원친책주怨親債主 귀신들을 대신하여 삼귀의를 함.

4) 사홍서원 (3번)

■ 모두 합장

앙고 나무상주시방불
仰告 南無常住十方佛

나무상주시방법
南無常住十方法

나무상주시방승
南無常住十方僧

나무본사 석가모니불
南無本師 釋迦牟尼佛

나무극락세계 아미타불
南無極樂世界 阿彌陀佛

나무당래 하생 미륵존불
南無當來 下生 彌勒尊佛

나무시방삼세일체제불
南無十方三世一切諸佛

나무대지문수사리보살
南無大智文殊師利菩薩

나무대행보현보살
南無大行普賢菩薩

나무대원지장왕보살
南無大願地藏王菩薩

나무대비관세음보살
南無大悲觀世音菩薩

나무대력대세지보살
南無大力大勢智菩薩

제존보살마하살이시여!
諸尊菩薩摩訶薩

현재 ○○○ 거사(보살)님이 ○월 ○일 ○시 ○분에
(만약 교통사고나 타지에서 사망하였다면 장소에 대한 자
세한 설명을 요함) 사망하였습니다.

간절히 바라옵건대,

제불보살님들께서 광명을 놓아 섭수하여 주시고 망자의 정혼(영혼)을 이곳으로 데려다 주시어, 저희들과 함께 아미타불을 부르게 해주시고, 망자의 혼이 이곳에서 법문을 들을 수 있도록 해주십시오!

○○○ 거사(보살)님, 당신은 ○월 ○일 ○시 ○분에 사망하셨습니다. (두세 번 반복함)

불보살님께서 당신의 혼을 이곳으로 데려와서 법문을 듣게 해주시니, 저희들을 따라 아미타불을 부르십시오.

지금 거사님을 위해 법문을 하겠으니, 거사님은 자세히 잘 들으십시오.

5) 법문시작

6) 조념염불 시작

7) 광명사光明沙를 놓다

(광명진언으로 가지加持한 모래)

○ 광명사를 놓는 위치

1. 이마
2. 가슴(옷 위에 놓으면 됨)
3. 배
4. 양손
5. 두 무릎
6. 발바닥
7. 다라니 이불을 덮는다.

■ 연우들은 계속 염불하고, 진행자는 유가족들을 모시고 거실 또는 염불하는 데 방해를 주지 않는 곳에서 법문을 한다.

8) 가족법문

9) 회향

■ 법문이 끝나면 진행자는 연우들과 가족들을 모시고 부처님 전에서 회향을 한다. (사정이 불편하면 망자 옆에서 한다.)

원이차공덕 회향 ○○○거사
願 以 此 功 德 　回 向 　　　　居 士

장엄불국토 　상보사중은
莊 嚴 佛 國 土 　上 報 四 重 恩

하제삼도고 　약유견문자
下 濟 三 途 苦 　若 有 見 聞 者

실발보리심 　진차일보신
悉 發 菩 提 心 　盡 此 一 報 身

동생극락국 　원생서방정토중
同 生 極 樂 國 　願 生 西 方 淨 土 中

구품연화위부모 　화개견불오무생
九 品 蓮 花 爲 父 母 　花 開 見 佛 悟 無 生

시방세계도유정
十 方 世 界 度 有 情

○ 가족들은 부처님을 향해 삼배를 올리고 난 후 연우님들에게
　반배를 한다.
○ 만약 스님이 계신다면 연우님들 중 한 분이 "가족들은 스님을
　향해 삼배를 하십시오"라고 한다.
　이때 스님께서 "부처님을 향해 1배만 하십시오"하면 1배를
　하면서 "아미타불"하고 대답한다.
○ 만약 스님이 안 계시면 진행자는 가족들에게 "가족들은 연우

님들을 향해 합장반배 하십시오"라고 한다.

※ 가족들에게 당부할 사항

① 불상 등을 포함한 조념을 위한 준비물들은 조념을 마친 후
   반납할 것.

② 부처님 전에 향을 꽂을 때 이렇게 말한다.

   "대자대비하신 아미타불, 관세음보살, 대세지보살님이시여!
   ○○○ 거사(보살)님을 극락세계로 데려가 주십시오."

③ 망자에게 향을 사를 때는 이렇게 말한다.

   "○○○ 거사님, 당신은 ○시 ○분에 사망하였습니다. 저희
   들을 따라 아미타불을 부르시며, 아미타불을 뵙거든 기쁜
   마음으로 아미타불을 따라가시고, 우리들의 일은 조금도
   걱정하지 마십시오."

④ 다라니 이불의 사용 방법을 설명한다.

⑤ 만약 기타 문제들이 있다면 대답을 해준다.

3. 영가법문

○○○ 거사(보살)님,

당신은 ○월 ○일 ○시 ○분에 사망하셨습니다.

(2번 반복)

부처님께서는 우리들이 사는 이 세상을 사바세계라고 하셨습니다. 이 사바세계 부처님의 명호는 석가모니불이신데, 부처님께서는 이 사바세계를 또 오탁악세라고 하셨습니다. 그 뜻은 매우 더럽고 악랄한 세계라는 것입니다.

또한 무상한 세간이라고 하셨으니, 무엇을 무상이라 하는가?

끊임없이 변화를 하는 것을 무상이라고 합니다. 우리 중생들의 마음은 항상 이것을 생각하고 저것을 생각하며, 이것을 고민하고 저것을 번뇌합니다.

이 마음속에 번뇌가 있으므로 그 과보로 우리의 신체에는 생로병사의 고통이 따르게 되고, 거주하고 있는 환경에는 성주괴공의 현상이 나타나게 됩니다.

마치 처음 산 차는 매우 새 차이지만 3년, 5년, 8, 9년이 지나면 헌 차가 되고 고장이 나게 되며, 결국에는 폐차를 시키게 되는 것과 같습니다.

또 건물을 처음 지었을 때 새 것처럼 보이나 세월이 지나면 마찬가지로 낡게 되고 무너지게 되는 것과도 같습니다.

마치 지진과 쓰나미 때 수많은 건물들이 무너진 것처럼, 아무리 덩치가 큰 지구라 하더라도 이처럼 언젠가는 사라지게 되어 있지 않습니까?

그래서 부처님께서는 『무상경』에서 이렇게 말씀하셨습니다.

설사 수미산일지라도
겁이 다하면 모두 흩어지게 되니
바다가 깊고 깊어 끝이 없으나
이 또한 다 고갈되고 마네.

假使妙高山　劫盡皆歸散

大海深無底　亦復皆枯竭

대지와 해와 달도

때가 되면 다 흩어지고 무너지니

어떠한 존재도 무상으로부터

삼켜지지 않는 것은 없다네.

大地及日月　時至皆散壞

未曾有一事　不被無常吞

　우리들이 사는 환경은 이처럼 열악합니다. 우리의 이 몸뚱어리에는 생로병사가 있습니다. 어머님이 처음 우리를 낳았을 때 우리는 갓난아기였으나 천천히 3살, 5살, 청소년, 청년, 중년…… 어느새 당신은 ○○ (망자의 나이)살이 넘은 노인이 되었습니다.

　인간은 세월이 흘러 나이가 들면 체력이 고갈되고 병들이 생기게 됩니다. 따라서 생로병사의 이 길은 부귀하든 가난하든, 남녀노소를 막론하고 모두가 꼭 걸어가야 할 마지막 길입니다.

설사 고귀한 황제, 국왕, 대통령일지라도 마찬가지로 죽게 되어 있지 않습니까?

한번 둘러보세요!

한 무제나 진시황, 당 태종 내지는 권력을 휘두르던 권력자들은 지금 어디에 있습니까? 다 죽고 없습니다. 그렇게 높은 자리에 있던 이들도 다 죽고 없는데, 하물며 우리 같은 보통 사람들이야 두말할 필요가 있겠습니까!

비록 축적한 재산이 국가의 재산과 대적할 만하고, 허리에다 만금을 둘렀을지라도 결국엔 죽음과 맞닥뜨리게 되고 죽음을 피할 수는 없습니다.

과거에 유명했던 몇몇 재벌의 총수들은 생전에 수천억에 달하는 엄청난 재산을 모았지만, 지금은 죽어서 한 푼도 가져가지 못하지 않았습니까?

어떤 사람은 어머니의 뱃속에서 유산되고, 어떤 이는 3살, 5살, 5, 60살에 죽는 등 죽음이 일정하지가 않은데, 당신은 현재 ○○ (망자의 나이)살이 넘었으니,

복과 장수를 다 갖추었다 할 만합니다. 하지만 설사 백 살을 산다 하더라도 반드시 늙고 죽게 됩니다.

그래서 부처님께서는 우리의 이 세계의 고통을 보시고, 우리들에게 다른 세계를 소개하여 주셨으니, 그 세계가 바로 극락세계입니다.

우리 사바세계의 교주이신 석가모니 부처님께서 말씀하시기를

"서방극락세계의 교주는 아미타불이시며, 아미타불이 계신 극락세계의 땅은 황금으로 되어 있고, 평탄하며 금빛으로 번쩍번쩍 빛이 난다"고 하셨습니다. 그런데 우리가 사는 이 세계의 땅은 흙으로 되어 있으므로 이처럼 더럽습니다.

극락세계의 거주 환경은 칠보유리로 장엄된 누각들이며, 사람들은 연꽃에서 화생을 하여 청정하고 장엄합니다.

또 극락세계에는 어린애가 없을 뿐만 아니라 노인들도 없습니다. 당신 같이 ○○(망자의 나이)살이 넘은 노인께서 염불하여 극락세계에 왕생하면 바로 20

대의 청년으로 변하므로 어린애가 없다고 하는 것이고, 영원히 20대 청년의 모습으로 늙지 않으므로 극락세계에는 노인이 없다고 하는 것입니다.

그리고 무량한 수명, 무량한 광명, 무량한 지혜, 무량한 신통, 무량한 원력, 무량한 자비를 갖추게 되므로, 어디를 가고 싶든 연화좌에 앉으면 바로 목적지에 도착할 수 있으며, 사바세계에 남아 있는 가족들을 보고 싶으면 생각을 일으키는 즉시 다시 집으로 올 수도 있습니다.

이 얼마나 편안하고 자유롭습니까!

극락세계에 왕생한 사람들은 모두 불퇴전에 머무르며, 모두 대보살이어서 무량한 중생들도 구제할 수 있는데, 어찌 자신의 가족들을 구제하지 못하겠습니까!

이른바 "한 사람이 왕생하면 천 부처님이 기뻐하시고, 아래로 9대까지의 자손과 위로 7대까지의 조상이 모두 천도된다(一子往生千佛喜 , 九玄七祖盡超生)"는 것입니다.

극락세계에서는 옷을 생각하면 옷이 생기고, 음식을 생각하면 음식이 생기는데, 공양시간이 되면 3가지 덕과 6가지 맛(三德六味)을 갖춘 미묘한 음식들이 금으로 된 그릇과 옥으로 된 발우에 담겨져, 몇백 가지나 되는 맛있는 음식들이 눈앞에 나타나게 됩니다. 공양을 하고 싶으면 음식이 저절로 입으로 들어오고, 어떤 요리를 먹고 싶으면 그 요리가 바로 입안으로 들어오게 됩니다.

손과 발을 따로 움직일 필요도 없고, 그릇과 수저를 들 필요도 없으며, 공양이 끝나면 전부 깔끔하게 사라지게 되는데, 때가 되면 또다시 나타납니다.

극락세계는 사계절이 항상 봄날과 같아 춥지도 덥지도 않습니다. 낮과 밤의 구분이 없고, 온통 광명으로 가득하며, 아무런 괴로움도 없고 온갖 즐거움만 있는 세상이므로 극락이라 부르는 것입니다.

이렇게 좋은 세계를 어떻게 해야 갈 수 있을까요?
아미타불께서는 우리 중생들에게 수행력이 없음을 미리 아시고 48대원을 세우셨으니, 그중 제18원에서

"만약 내가 부처가 되었을 때 시방세계의 중생들이 나의 이름을 듣고, 지극한 마음으로 믿고 기뻐하며, 나의 나라에 왕생하고자 열 번만이라도 내 이름을 불렀음에도 불구하고 왕생하지 못한다면 차라리 정각을 이루지 않겠다"고 발원하셨습니다.

조금 더 자세히 설명 드리자면, '너희 시방세계의 중생들이 이처럼 좋은 나의 극락세계에 왕생하고 싶다면, 마땅히 나 아미타불의 명호를 길게는 평생, 짧게는 열 번만이라도 불러야 한다. 그러면 내가 너희들이 임종할 때 몸을 나투어 극락세계로 데려갈 것이다'라는 뜻입니다.

지금은 오직 아미타불만이 당신을 구제하실 수 있습니다. 그러니 죽어서도 아미타불을 의지하고 기대어야 합니다. 우리의 이 몸뚱이는 가짜여서 생로병사가 있습니다. 하지만 이 가짜인 몸속에 영혼(神識)이 있는데, 사람이 죽은 뒤에는 영혼이 몸을 벗어나게 됩니다.

염불하는 사람들은 극락세계에 각자의 연꽃이 있어서 아미타불과 관세음보살, 대세지보살님이 당신의 연꽃을 갖고 당신의 앞에 몸을 나투어 영접을 하러 오십니다.

이때 당신의 영혼은 이 연꽃 위에 앉아서 부처님의 영접을 받아 순식간에 극락세계에 왕생하게 되며, 꽃이 피어 부처님을 뵙게 되면 당장에 20여 세 젊은이의 모습으로 변하게 되므로, 절대로 지금처럼 늙은이의 모습은 아닙니다.

또한 무량한 광명, 무량한 지혜, 무량한 신통력을 갖춘 대보살이 되고, 결국에는 모두 성불을 하게 됩니다.

일찍이 법조 대사께서 말씀하시기를

"이 세상에 한 사람이 염불하면 서방극락세계에 연꽃이 한 송이 피게 되는데, 금생에 염불하는 마음이 물러나지만 않는다면 부처님께서 바로 이 꽃을 갖고 이 세상에 오셔서 영접을 할 것이다"라고 하셨습니다.

만약 염불을 하지 않는다면 영혼이 이 몸을 벗어났

을 때 앉을 연꽃이 없으므로 개의 태에 들게 되면 개의 자식이 되게 되고, 돼지의 태에 들게 되면 돼지의 자식이 되며, 귀신의 태에 들게 되면 귀신의 자식이 되고, 지옥에 가게 되면 지옥의 무량한 고통을 받게 됩니다.

따라서 지금 현재 당신의 부모, 조부모, 또는 귀신들이 나타나서 당신을 데려가려 한다면 절대로 따라가서는 안 됩니다. 왜냐하면 그들은 당신을 데리고 다시 윤회의 길에 들어서서 다시는 윤회를 벗어나지 못하게 하기 때문입니다.

설사 천당에 태어난다 하더라도 복이 다하면 다시 악도에 떨어지기 십상입니다. 그래서 부처님께서는 이런 말씀을 하셨습니다.

"육욕천에는 오쇠五衰가 있고 삼선천三禪天에도 풍재風災가 있거늘, 설령 비상비비상천에 태어나더라도 서방극락세계에 다녀오는 것만 못하다."

당신은 비록 사망하였으나 복이 많고 선근, 복덕, 인연을 모두 갖추었으므로 아들과 며느리, 권속들이 모두 효순하여 주야로 당신 곁에서 조념을 해드리고 있으며, 또 조념 단체를 모셔서 당신을 위해 염불을 해주십니다.

지금 당신에게 가장 중요한 것은, 당신이 우리와 함께 아미타불을 부르는 것입니다. 부처님이 보이고 연꽃이 보이거든 얼른 아미타불을 따라 극락세계로 왕생하십시오.

■ 염불시작……

4. 가족법문

■ 유가족들에 대한 법문은 영가법문에 못지않게 중요하다. 만약
유가족들이 믿고 받아들인 다음 정성과 공경을 다해 조념을
해준다면 망자는 반드시 극락왕생을 할 것이다.

부처님께서는 우리들이 사는 사바세계에는 생로병
사의 고통이 있다고 말씀하셨습니다.

오늘 돌아가신 분은 우리들의 ○○이십니다.

우리는 보내기가 아쉬워서 통곡을 하며 눈물을 흘
리는데 이것은 인지상정입니다.

이런 심정은 우리 모두 마찬가지일 것입니다.

하지만 부처님께서는 우리들에게 이런 슬픈 감정
을 역량力量으로 바꾸어 돌아가신 분을 위해 힘을 보
태주어야 한다고 말씀하셨습니다.

○○분은 이미 돌아가셨습니다.

여러분들이 아무리 눈물을 흘린다 하더라도 망자에게는 아무런 도움이 되지 않습니다. 죽은 사람은 다시 살아날 수 없으니까요.

사람이 죽을 때의 느낌은 마치 살아 있는 거북이의 껍질을 벗기는 것과 같고, 풍도로 몸을 가르는 것(風刀割體)과 같다고 하셨습니다. 살아있는 거북이를 산 채로 껍질을 벗기면 피와 살이 범벅이 되고 매우 고통스럽겠지요.

무엇을 '풍도로 몸을 가르는 것'이라 하는가?

평소에 우리가 만약 부주의로 손이 살짝 찔리거나 칼에 베이게 되면 매우 아프고 고통스럽겠지요. 그런데 풍도로 신체를 가른다는 것은, 마치 몇만 자루의 칼로 우리의 몸을 분해하는 것과 같아 그 고통은 이루 말로 다 표현할 수가 없습니다.

경전에서는 사람이 죽을 때 사대가 흩어지면서 온몸의 팔만 사천 개 모공에 있는 털마다 마치 하나하나의 칼이 되고 바늘이 되어 우리의 몸을 찌르는 것과 같다고 말씀하셨습니다.

만약 이때 망자의 몸을 만지게 되면 극심한 고통을

느끼게 되는데, 망자가 비록 말은 못하지만 이때 화내는 마음을 일으킨다면 삼악도에 떨어지기 쉽다고 하셨습니다. 그러므로 사람이 죽었다고 바로 몸을 건드려서는 안 됩니다.

왜냐하면 사람이 죽은 지 여덟 시간 내에는 영혼이 아직 이 몸을 벗어나지 못하여, 느낌이 그대로 살아 있기 때문입니다.

지금 돌아가신 분은 여러분들이 하는 말을 알아들을 수 있고, 여러분의 울음소리도 다 들을 수 있을 뿐만 아니라, 여러분들이 그를 위해 아미타불을 염불해 주신다면 염불소리 또한 들을 수가 있습니다. 따라서 이때 여러분들은 절대 울어서는 안 됩니다.

여러분들이 울게 되면 망자 또한 따라서 슬픈 감정이 생기게 되는데, 이런 감정을 일으키게 되면 망자는 타락하기 쉽습니다.

이때는 시신을 만지지 말아야 고통을 느끼지 않으며 화내는 마음을 일으키지 않습니다. 그리고 망자를 위해 염불을 해줘야만 망자가 편안해질 수 있으며 부처님의 광명이 망자에게 비춰질 수 있습니다.

망자가 여러분들을 따라 아미타불을 부른다면 부처님께서는 분명 그가 원하는 대로 극락세계로 영접해 가실 것입니다.

『지장보살본원경』에서는 사람이 임종할 때의 상황을, 마치 칠일을 굶은 사람이 백 근이 되는 무거운 짐을 지고 질퍽한 진흙길을 걷는 것과 같다고 말씀하셨습니다. 칠일 동안 아무것도 먹지 못하고 어깨에는 또 무거운 짐을 지고 있는 것과 같다고 하셨는데, 무거운 짐이란 무엇일까요? 무거운 짐이란 바로 우리의 업장을 말하는 것입니다. 그래서 경전에서는 이 세상에는 "가져갈 수 있는 것은 아무것도 없으며, 오직 업만이 이 몸을 따라간다"고 했습니다.

이 목숨이 다할 때 아무리 많은 금은보물, 가족과 권속들이 있다 하더라도 아무도 따라나서 주지 않습니다. 오직 업만이 우리를 따라갈 뿐입니다.
우리가 평생 지은 업이 선업이 아니면 악업인데, 악업을 지었다면 삼악도에 떨어지고, 선업을 지었다면 삼선도三善道로 들어가게 되겠지요. 그 외에 가져갈 수 있는 것은 아무것도 없습니다.

보현보살께서 『화엄경』에서 말씀하시기를 "사람이 임종할 때는 육근이 모두 파괴되고, 육친권속들이 전부 떠나게 되며, 일체 권력을 다 잃고, 보좌하던 대신들과 궁전 내외의 코끼리, 말 등의 수레와 진귀한 보물과 복장伏藏 등…… 이와 같은 모든 것들이 더 이상 따라갈 수 없다"고 하셨습니다.

사람이 죽고 나면 육근(안·이·비·설·신·의)은 모두 파괴되고, 육친권속은 전부 떠나게 되는데, 한 사람도 우리를 따라 나설 수 없고 일체의 권력과 위세를 다 잃게 되므로, 여러분이 황제가 되고 대통령이 되더라도 죽고 나면 더 이상 황제도 대통령도 아닙니다.

'보좌하던 대신들과 궁전 내외의 코끼리, 말 등의 수레와 진귀한 보물과 복장 등…… 이와 같은 모든 것들이 더 이상 따라갈 수가 없다'는 말은 금·은·재물·전원주택 등을 하나도 가져갈 수 없다는 뜻으로, 사람이 죽고 나면 바로 이와 같은 상황입니다.

196

오직 우리가 지은 업만이 우리를 따라가게 되는데, 그때의 광경은 마치 질퍽한 진흙길에서 앞발을 내디디면 뒷발을 뽑기가 어려울 뿐만 아니라, 또 무거운 짐을 짊어지고 먼 길을 걸어가는 것과 같다고 『지장경』에서 전하고 있습니다.

사람이 죽고 나면 중음신이 형성되는데, 이 중음신의 수명은 칠칠일(49일)입니다.

첫 번째 칠일 동안 환생을 하지 못하면, 두 번째 칠일을 기다려야 하며, 두 번째 칠일 동안 환생하지 못하면 또다시 세 번째 칠일을 기다려야 합니다. 이렇게 천천히 일곱 번째 칠일을 기다려 반드시 환생을 하게 됩니다.

흔히들 얘기하는 사십구일 동안이 명부의 심판을 받는 기간인데 참으로 두렵습니다.

『지장경』 「존망이익품」에는 우리가 칠칠일 내에 망자를 위해 공덕을 지어준다면 칠 분의 공덕 가운데 일 분의 공덕을 망자가 얻을 수 있다는 말씀이 있는

데, 우리가 망자를 위해 일곱 번의 공덕을 짓는다면 망자는 한 번의 공덕을 얻고 공덕을 지어준 사람은 여섯 번의 공덕을 얻을 수 있다는 뜻입니다.

쉽게 말하면, 망자를 위해 일곱 번 아미타불을 염송해 준다면 망자가 한 번의 공덕을 얻고 우리는 여섯 번의 공덕을 얻는다는 것이고, 망자를 위해 칠백 번의 아미타불을 염송해 준다면 망자는 백 번의 공덕을 얻을 수 있으며, 칠천 번을 염송해 준다면 천 번의 공덕을 얻을 수 있다는 말입니다.

아미타불의 원력에는 임종 시 열 번만이라도 부처님의 명호를 부른다면 망자를 극락세계로 영접해 간다고 하셨습니다. 따라서 가장 큰 이익은 바로 염불의 공덕입니다.

그리고 『관무량수경』에서는 지극한 마음으로 한 번 염불을 하면 80겁의 생사중죄가 소멸된다고 하셨습니다. 더욱이 부처님께서는 염불하는 중생들을 극락세계로 데려간다는 원력이 있습니다.

여러분들은 아직 부처님을 믿지 않으므로(불자가

아닌 경우) 어떻게 공덕을 지어야 할지 모르실 겁니다. 만약에 모시고자 하는 사람이 평소에 수행도 하지 않고 고기를 먹고 술 마시는 사람이라면 공덕이라고 말할 것도 없습니다. 그러니 자신도 공덕이 없는데 어떻게 다른 사람을 위해 공덕을 지을 수 있겠습니까?

여러분이 만약 스님들을 찾으려고 해도 쉽지가 않을 것입니다. 왜냐하면 스님들은 수행을 해야 하기 때문에 모시려고 해도 스님들이 시간이 없을 수도 있지만, 여러분이 불교를 믿지 않으므로 어디 가서 스님을 모셔야 할지도 모르실 것입니다.

그러므로 여러분들은 큰소리로 아미타불을 불러야 합니다. 누구든 말을 할 줄 아는 사람이라면 아미타불을 부를 수 있으니, 글을 알고 모르고와는 상관이 없습니다. 여러분들이 망자를 위해 염불을 해주는 공덕이 가장 큽니다. 왜냐하면 부자지간에, 그리고 육친 사이에는 서로 마음이 통하기 때문입니다.

오늘 여러분의 전화 한 통에 이렇게 많은 연우님들이 조념을 해주러 오셨습니다. 여러분과 서로 안면이 있는 사이도 아닌데도 이렇게 오셔서 염불을 해주시는데, 하물며 망자의 가족인 여러분들이겠습니까?

여러분들은 반드시 충고를 들어야 합니다.

여러분들이 평소에 효도를 했지만 오늘은 더욱 큰 효도를 행해야 합니다. 이렇게 효도를 할 수 있는 날도 얼마 남지 않았으니까요.

여러분들이 부모에게 효도를 할 줄 아신다면 큰 복이 있을 겁니다. 경전에서는 부모는 집안의 살아 있는 두 부처님이며, 부모님께 효도하는 것은 부처님께 공양하는 것과 같다고 하셨습니다.

지금 이때가 여러분들의 조념이 가장 절실히 필요할 때이므로 효심을 다해야 합니다!

여러분들이 만약 정성과 공경심, 효도하는 마음이 있다면 부처님께서는 반드시 그에 상응하는 감응이 있으실 것이며, 여러분의 부모님은 반드시 그 이익을 얻을 수 있으며, 여러분 또한 나중에 큰 복이 있게 될 것입니다.

여러분들은 49일 동안 망자를 위해 채식을 해야 하며 육식을 금해야 합니다. 그런데 다시 망자를 위해 살생을 한다면 망자의 업만 더욱 무거워질 뿐입니다. 살아생전에 지은 업이 이미 무거운데, 또 다시 망자를 위해 살생을 한다면 무거운 업 때문에 삼악도로 타락하게 됩니다.

그러나 여러분들이 만약 채식을 하면서 염불을 해준다면 마치 망자를 위해 무거운 짐을 분담해 주는 것과 같아서, 망자의 업이 가벼워질수록 더욱 좋은 곳으로 왕생을 할 수 있습니다. 그리고 49일 동안은 부부지간이라도 관계를 갖지 말고 청정한 몸과 마음으로 망자를 위해 염불을 해주셔야 합니다.

여러분들이 만약 진정으로 스님이 일러준 방법대로 실행을 한다면 반드시 많은 감응이 있을 것입니다. 사람이 죽고 나면 시체는 딱딱하게 굳게 되고 얼굴은 창백해지게 됩니다.

여러분들은 스님이 일러준 대로 오늘밤에 번갈아 가며 염불을 하십시오. 만약 사람이 많다면 세 사람이 한 조가 되어, 한 조가 한 시간씩만 염불을 하면 됩니다. 만약 여섯 조가 있으면 염불이 끝나면 날이 밝을 것입니다. 차례가 오지 않은 분들은 그동안 잠시 주무시고, 차례가 된 사람들은 염불 시디(CD)를 따라 염불을 하시면 됩니다.

하지만 염불 시디만 틀어놓고 염불을 따라 하지 않으면 안 됩니다. 염불 시디는 감정이 없는 무정물입니다. 여러분들은 망자의 자손들이며, 감정이 있는 유정이므로 여러분들이 염불을 해주어야 감응이 생겨납니다.

만약 사람이 많지 않으면 두 사람이 한 조가 되어 한 조가 두 시간씩 염불을 하는 겁니다. 여섯 분이 세 조가 되어 염불을 하고 나면 날이 밝을 것입니다. 이렇게 하여 이튿날이 되면 동참한 사람마다 전부 염불을 하였고, 부처님의 명호 또한 끊이지 않았을 것입니다.

여러분들이 정말로 스님의 가르침대로 실행을 하였다면, 이튿날 어느 시간 때에 망자를 위해 옷을 갈아입히더라도 반드시 망자의 몸은 유연해지고 얼굴색은 불그스름해질 것이며, 얼굴에는 미소를 짓고 있을 것입니다.

만약 더욱 간절하게 정성을 다해 계속해서 염불을 해준다면, 큰 연꽃이 보인다거나 연꽃 위에 망자를 태워 극락세계로 영접해 가시는 광경을 두 눈으로 확인할 수도 있습니다. 또 더욱더 열심히 염불을 한다면, 부처님께서 방광을 하시면서 영접을 하시는 모습을 볼 수도 있습니다.

스님은 지금까지 조념을 하면서 여러 차례 경험이 있었는데, 방광하는 광경도 보았고, 광명이 망자의 주변을 한두 시간 정도를 비추고 망자의 몸을 여러 차례 맴돌다가 극락세계로 왕생하는 모습도 보았습니다.

만약 여기서 더욱더 정성을 다한다면 서방삼성(아미타불, 관세음보살, 대세지보살)께서 직접 몸을 나투시어 망자를 극락세계로 영접해 가시는 모습도 분명하게 볼 수가 있습니다.

여기서 만약 더욱더 정성을 다한다면 망자가 여러분들을 따라 염불을 하는 소리도 들을 수가 있습니다. 사람이 죽으면 염불을 하지 못한다고 생각하지 마십시오. 망자의 목소리는 여러분들이 익숙하게 잘 알겠지요!

열심히 염불을 하다 보면 망자가 여러분을 따라 염불하는 목소리도 들을 수 있습니다.

여러분들이 지극정성으로 염불을 해주신다면 반드시 감응이 있을 것입니다.

5. 서방극락세계 발원문

{ 연지대사 지음 }

극락세계에 계시사 중생을 이끌어 주시는 아미타불께 귀의하옵고, 그 세계에 가서 나기를 발원하옵나니, 자비하신 원력으로 굽어 살펴 주옵소서.

저희들이 네 가지 은혜 끼친 이와 삼계 중생을 위해 부처님의 위없는 도를 이루려는 정성으로 아미타불의 거룩하신 명호를 불러 극락세계에 왕생하기를 원하나이다.

업장은 두터운데 복과 지혜 엷사와 때 묻은 마음 물들기 쉽고 깨끗한 공덕 이루기 어려워, 이제 부처님 앞에 지극한 정성으로 예배하고 참회하나이다.

저희들이 아득한 옛적부터 오늘에 이르도록 몸과 말과 생각으로 한량없이 지은 죄와 무수히 맺은 원결 모두 다 풀어버리고, 이제 서원을 세워 나쁜 짓 멀리

하여 다시 짓지 아니하고, 보살도 항상 닦아 물러나지 아니하며, 정각을 이루어서 중생을 제도하려 하옵니다.

아미타부처님이시여, 대자대비하신 원력으로 저를 증명하시고 가엾이 여기사 가피를 내리소서.

삼매에서나 꿈속에서나 거룩한 상호를 뵙게 하시고, 아미타불의 장엄하신 국토에 다니면서 감로로 뿌려주시고 광명으로 비쳐주시며, 손으로 쓰다듬어주시고 가사로 덮어주심 입사와, 업장은 소멸되고 선근은 자라나며, 번뇌는 없어지고 무명은 깨어져, 원각의 묘한 마음 뚜렷하게 열리옵고 극락세계가 항상 앞에 나타나게 하옵소서.

그리고 이 목숨 마칠 때에 갈 시간 미리 알아 여러 가지 병고 액난 이 몸에서 사라지고 탐貪·진嗔·치癡 온갖 번뇌 씻은 듯이 없어져 육근이 화락하고 한 생각 분명하여 이 몸을 버리옵기 정에 들듯 하여지이다.

아미타불께서 관음·세지 두 보살과 성중들을 데리시고 광명 놓아 맞으시며 손들어 이끄시와, 높고 넓은 누각과 아름다운 깃발과 맑은 향기, 천상음악, 거룩한 서방정토 눈앞에 나타나면, 보는 이 듣는 이들 기쁘고 감격하여 위없는 보리심을 내게 하여지이다.

그때 이 내 몸도 금강대에 올라 앉아 부처님 뒤를 따라 극락정토 나아가서, 칠보로 된 연못 속에 상품상생 하온 뒤에, 불보살 뵈옵거든 미묘한 법문 듣고 무생법인 증득하여, 부처님 섬기옵고 수기를 친히 받아 삼신三身・사지四智・오안五眼・육통六通・백천 다라니와 온갖 공덕을 원만하게 갖추어지이다.

그런 다음 극락세계를 떠나지 아니하고 사바세계에 다시 돌아와 한량없는 분신分身으로 시방세계 다니면서 여러 가지 신통력과 갖가지 방편으로 무량 중생 제도하여, 삼독 번뇌 여의옵고 청정한 본심으로 극락세계 함께 가서 물러나지 않는 자리에 들게 하여지이다.

세계가 끝이 없고 중생이 끝이 없고 번뇌 업장 또한 끝이 없사오니, 이 내 서원도 끝이 없나이다.

저희들이 지금 예배하고 발원하여 닦아 지닌 공덕을 온갖 중생에게 두루 베풀어 네 가지 은혜 골고루 갚사옵고 삼계 중생을 모두 제도하여 다 같이 일체

종지를 이루게 하여지이다.

● 발일체업장근본득생정토다라니
　나무 아미다바야 다타가다야 다지아타 아미리도바
　비 아미리다 싣담바비 아미리다 비가란제 아미리
　다 비가란다 가미니 가가나 지다가리 사바하

6. 정념게

제자 ○○○는 생사에 헤매는 범부로서 죄업이 지중하여 육도에 윤회하매 그 괴로움은 이루 말할 수 없었나이다.

그러나 다행히도 이제 선지식을 만나 아미타불의 명호와 공덕을 듣고 일심으로 염불하여 왕생하기를 원하옵나니, 바라옵건대 자비를 드리우사 가엾이 여겨 거두어 주옵소서.

어리석은 저는 부처님 몸의 상호와 광명을 알지 못하오니, 원컨대 나투시어 저로 하여금 친견케 하옵소서.

그리고 관세음과 대세지 여러 보살들을 뵙게 하시고, 서방정토의 청정한 장엄과 광명과 미묘한 형상들을 역력히 보게 하여 주옵소서.

7. 회향게

이와같이 공덕들이

온법계에 두루하여

나와모든 중생들이

극락국에 태어나고

무량수불 함께뵙고

모두성불 하여지다

원이차공덕 보급어일체
願以此功德 普及於一切

아등여중생 당생극락국
我等與衆生 當生極樂國

동견무량수 개공성불도
同見無量壽 皆共成佛道

제5부

염불행자가 알아야 할 내용

1. 임종인을 위한 간략한 조념염불 법요[*]

나무본사 석가모니불 (3번)

나무접인서방극락세계 아미타불 (3번)

나무대자대비 관세음보살 (3번)

나무대자대력 대세지보살 (3번)

부처님의 광명이 널리 비치어 지금 이곳을 환히 밝혀 주시니, ○○○ 불자의 몸과 마음이 편안하고, 아무 장애 없이 ○○○ 불자가 다음의 간단한 부처님 진리를 명확하게 알아듣도록 하여 주소서.

○○○ 불자님은 귀 기울여 맑고 또렷하게 들으시

---

* 위 조념염불 법요는 대만 석세료釋世了 스님의 저술 중에서 『어떻게 염불하여야 서방정토에 왕생하여 불퇴전지에 올라 성불할 것인가(怎樣念佛往生不退成佛)』에 수록된 것을 발췌하여 번역한 것이다.

기 바랍니다.

불자께서는 우리가 사는 사바세계의 모든 일들은 모두 허깨비 같고 환상 같은 것이며, 이루어진 모든 것들은 반드시 소멸하게 되며, 태어난 것은 반드시 죽게 되는 것임을 확실히 아셔야 합니다. 이것은 만고불변의 이치입니다.

지금 불자님은 이 세상의 인연이 이미 다하였으니, 지금이야말로 불자님은 인생의 모든 것들은 모두 고통뿐이며, 허공 같아 실다운 것이 없으며, 항상 변화하여 무상하며, 자신의 것이라고 집착할 것이 아무것도 없는 것임을 반드시 깨닫고, 세상의 모든 것에 대하여 조금도 연연해하지 말고 지금 바로 모든 인연을 다 잊도록 하십시오.

그리고 우리를 구원하시려는 아미타불의 48대원과 서방정토의 존재를 진정으로 믿고, 간절히 서방정토에 왕생하기를 발원하고, 그리고 아미타불을 염불하십시오.

왜냐하면 우리 본사 석가모니여래께서 일찍이 말씀하시기를, 지극한 정성으로 아미타불의 거룩한 명호를 칭념하면 능히 무량한 죄업을 소멸하고, 능히 무량한 복의 과보를 받으며, 아미타불의 영접을 받아 서방극락정토에 왕생하게 된다고 하셨기 때문입니다.

극락세계는 10가지 수승한 장엄이 갖추어진 국토이며, 광명이 널리 비추어 장엄이 매우 아름다우며, 그 나라에는 어떠한 고통도 없고 오로지 기쁨만을 누리게 되며, 땅은 황금으로 이루어져 있고, 4가지 보배로 둘러쳐져 있고, 7가지 보배로 이루어진 연못에는 수레바퀴만 한 연꽃들이 피어 미묘하고 정결하며, 신이한 향과 찬란한 광명을 내뿜고 있습니다.

다시 그 국토에 있는 여러 가지 새들이 내는 우아한 소리와 잔잔한 바람이 길가에 늘어선 나무에서 불어오는 소리는 마치 백천 가지 악기가 한꺼번에 연주되는 것과 같이 미묘하고 유량한 소리를 내니, 이를 들은 극락세계의 중생들은 모두 마음이 청정하고 아주 환희롭게 되며 자유자재함을 얻게 됩니다.

그러니 ○○○ 불자께서는 지금 바로 세상의 모든 인연을 다 잊어버리고 오로지 일심으로 아미타불의 거룩한 명호를 칭념하십시오. 과거에 행하였던 선한 일이든 악한 일이든 통째로 다 잊어버리시고 절대 생각하지 마십시오.

집안의 처자식과 손자 등 가족에 관한 것이든, 재산에 관한 모든 것을 털끝만큼도 모두 마음에 두지 마십시오. 그리고는 온 정성을 다하여 오로지 아미타불을 생각하고 서방정토에 왕생하기만을 구하십시오.

지금 정토염불을 하는 도반들과 불자님의 가족들이 모두 불자님을 위하여 정성을 다하여 조념염불을 하오니, 불자님은 염념이 아미타불의 거룩한 명호에 철저히 의지하여 서방정토에 왕생하여 서방정토가 불자님의 면전에 나타나기만을 구하십시오.

불자님은 마음을 한곳으로 집중하여 우리들의 염불 소리를 듣고, 한마음 한뜻으로 우리들과 같이 염불하십시오.

나무아미타불
나무아미타불
나무아미타불

2. 관세음보살 성호를 함께 염할 것을 권함

{ 인광 대사 법문 }

관세음보살님의 성호(觀音聖號)는 현대인의 큰 의지처이니, 내 마땅히 일체 모든 사람들에게 관세음보살님의 성호 염하기를 권하노라. 만약 정토업을 닦는 사람이라면 아미타부처님의 성호를 염하면서 이와 겸하여 관세음보살님의 성호를 염하라. 아직 발심하지 아니한 사람에게 곧 관세음보살님의 성호를 오직 집중하여 염하게(專念) 한즉, 그 뜻은 저 관음대성의 가피를 입는 데 있기에 앙화를 소멸할 뿐이다. 이미 신심을 낸 사람에 대하여 말하자면, 물론 염불을 주로 하고 관세음보살님 성호 지니는 것은 보조로 삼아야 한다. 그러나 오직 관세음보살님의 성호를 염하면서 서방정토에 왕생하기를 구함도 역시 가능한 일이다.

아미타부처님의 성호를 염하거나 관세음보살님의 성호를 염하는 것(念佛念觀音) 모두 재앙을 소멸하고 재난을 면할 수 있다. 평상시에는 마땅히 아미타부처님의 성호를 주로 염하고 관세음보살님의 성호는 보조적으로 염하여야 한다. 그러나 환난을 만

낮을 땐 마땅히 오로지 관세음보살님의 성호를 염하여야(專念 觀音) 한다. 왜냐하면 관세음보살님의 자비심은 매우 간절하며 이 사바세계 중생과 숙세의 인연이 깊기 때문이다. 이와 같은 말을 들으려 하지 않는 사람은 곧 부처님의 자비가 관세음보살님의 자비에 미치지 못한다고 말한다. 그러나 마땅히 알아야 한다. 관세음보살님은 부처님을 대신하여 자비를 드리워 중생의 고통을 구제하시는 분이시다. 그래서 석가모니부처님 당시에도 역시 고난에 처한 중생에게 관세음보살님의 성호를 지니게 하였는데, 하물며 오늘날의 범부중생이겠는가?

아미타불의 48원에 어찌 중생의 고통과 액란을 구제하지 않는 일이 있을 수 있으며, 관세음보살님의 중생의 근기에 맞춘 가르침과 인도에 어찌 중생을 접인하여 서방정토에 왕생하지 않게 하는 이치가 있을 수 있겠는가? 서방정토에 왕생함에는 마땅히 참다운 믿음과 간절한 왕생원이 기본이 된다. 만약 위험한 상황에 처하여 관세음보살님의 성호를 염하면서 참다운 믿음과 간절한 왕생원이 있으면 임종 시에 결정코 서방정토에 왕생하고, 또 오직 아미타불의 명호를 지니는 사람도 고통과 액란을 당하면 역시 그 고통과 액란에서 반드시 벗어난다.

3. 임종 때 의문스런 것을 묻다[*]

– 임종 조념과 장기기증에 관하여

머리말

'임종臨終'은 불교 공부를 하는 수행인에 있어서 대단히 중요한 하나의 관문입니다.

현생에서 곧 생명이 끝나려 할 때, 금생에 이어 계속해서 윤회를 할 것인가, 아니면 해탈을 할 것인가? 하는 것은 항상 이 결정

---

* 이 글은 대만의 『명륜明倫』이란 월간지의 316호(1990년 7, 8월호)에 실린 「임종혹문臨終惑問」을 번역한 것이다. 여기서는 임종 직후 바로 이루어지는 장기기증을 위한 장기채취가 과연 임종하는 자의 몸과 마음에 어떤 영향을 끼치는가에 대해서 불교의 가르침에 입각하여 그 실제의 측면을 논한 것으로, 결코 우리 사회에서 널리 권장되고 있는 장기기증 자체를 무조건 반대하기 위한 주장이 아님을 양지하시기 바란다. 이 글에서는 임종하는 과정에서 임종자에게 일어나는 여러 가지 상황들이 매우 중요하고 민감하기에, 이에 대해 신중을 기해야 함을 강조하고 있으며, 이러한 임종의 상황을 정확하게 인식하고 난 후에야 비로소 자신의 의지에 따라 현명하게 장기기증의 여부를 선택할 것을 권하고 있다. 임종할 때 임종자에게 나타나는 현상들을 정확하게 파악한 후에 장기기증을 권장해도 늦지 않을 것이기 때문이다. 따라서 이 글을 보고 임종자 자신의 평안(자리행)만을 위해 장기기증이라는 이타(보살)행을 저버린다는 섣부른 오해가 없기를 바란다.

적인 순간에 이르러야 분명하게 그 결과를 알 수 있습니다.

근래에 들어 '장기기증'을 하는 분위기가 사회적으로 상당히 성행하고 있는 가운데, 이를 제창하는 사람들은 항상 "사람이 죽고 나면 아무런 느낌이 없을 텐데, 어찌하여 이 한 몸을 기증하여 대보시를 실천하지 않는가!"라고 호소하면서, 대중에게 시신기증 또는 장기기증이라는 큰 사랑을 널리 실천하도록 권장하고 있습니다.

이러한 논조 하에 어떤 사람은 신문에 글을 실어, 정토종에서 "사람이 죽은 뒤 8시간 이내에는 함부로 움직이지 말고 오로지 그 사람을 위해 조념염불을 해주어야 한다"는 주장은 보살이 자비심으로 중생을 이롭게 하려는 시대적인 흐름을 크게 역행하는 것이라며 비판하기도 했습니다.

그렇다면 과연 사람이 임종할 때 영혼(心識)이 몸을 떠나가는 과정은 도대체 어떠한가? 그리고 현대의학에서는 뇌사자에 대한 장기채취를 어떻게 바라보고 어떻게 처리하는가? 아마도 이러한 갖가지 의혹들에 대해 깊은 연구를 통해 분명하게 밝혀서 알아야만 대중이 선택을 할 수 있을 것입니다.

그래서 본 월간지(『明倫』)에서는 특별히 '임종 조념'과 '장기기증' 등에 관한 문제들을 가지고 우근(藕根: 오총룡吳聰龍. 대만의 저명한 법사) 거사님과 대담(인터뷰)을 진행하였습니다. 이로써 경론 속의 성언량(聖言量: 부처님 말씀)을 통하여 임종 조념과 장기기증에 대한 수많은 의혹과 편견들이 사라지길 바라는 바입니다.

1. 몸과 마음의 관계는 어떠한가?
그리고 8식 간의 상호관계는 어떠한가?

대답: 5근(안·이·비·설·신)으로 구성된 이 몸은 제8식의 상분(相分: 인식의 대상)이며, 제8식이 스스로 변화해 내고 스스로 반연(自變自緣)하는 대상이다.[제8식은 근신(根身: 몸)을 변화해 나타내고 다시 근신을 집수執受*한다. 여기서 집執은 거두어 유지시킴(攝持)을 말하고, 수受는 마음으로 하여금 감수 작용을 일으키는(令生覺受) 것을 말한다.]

세상 사람들에게 있어 일생의 생명은 이전에 지은 업력에 의하여 제8식이 근신根身을 집수하기 때문에 온몸이 전체적으로 따뜻하고(체온이 있음), 모든 신진대사의 기능이 활동을 멈추지 않는다. 그런데 만약에 일생의 업연(業緣: 선악의 과보를 받을 원인이 되는 업보의 인연)이 다 되었다면 더 이상 근신을 두루 집수하지 않고 차츰차츰 부분적으로 몸에 대한 집수를 버리게 된다.

이렇게 몸이 점차적으로 식다가 온몸이 완전히 식어버리면 그때 이미 식이 몸을 떠난 것이고, 이때를 수명이 다한 '명종(命終: 목숨을 마침)' 상태라 부른다.

제7식은 제8식을 의지해 현행現行**을 일으키지만 도리어 제8

* 집수執受는 지니고(執) 수용(受)한다는 뜻이다. 불가사의하여 가히 알 수 없는 8식의 집수 능력은, 8식이 스스로 지니고 있는 마음과 밖에서 반연해 오는 경계가 일치해서 마음의 작용이 일어나기 때문에 집수라 한다.
** 현행現行: 모든 법이 현재에 나타나서 나오는 것. 우리 마음의 주재자라고 할 제8아뢰야식이 갖추고 있는 마음의 세력 또는 마음의 작용을 종자種子

식의 견분(見分: 인식의 주체)을 진실한 법과 진실한 나(實法實我)
라고 여기는데, 시작이 없는 옛적부터 제7식과 제8식은 쇠사슬
처럼 서로 얽혀 있으면서 영원히 떨어지지 않는다.

7, 8식을 의지해 현행을 일으키는 제6식은 제7식을 근根으로
삼고 있지만, 제7식이 나(我)를 집착하는 한 제6식 역시 아집我執
으로부터 벗어날 수 없다. 따라서 범부중생이 마음을 일으키고
생각을 움직이는 것은 전부 번뇌가 있는 유루심有漏心이 되고,
신·구·의 삼업은 모두 유루업有漏業이 되고 만다. 그리고 전5식
前五識은 6, 7, 8식과 5근을 의지해 현행을 하므로 5근이 못쓰게
되면 5식은 더 이상 현행을 일으키지 못한다.

2. 불법에서는 '사망'을 어떻게 정의하는가?
   어느 때가 진정한 '사망' 시간이라 할 수 있는가?

대답: 의학에서 '사망'이란 호흡이 멈춘 상태(숨이 끊어짐), 내지
는 심장의 박동이 멈춘 상태를 말한다. 그러나 불법에서는 그렇
게 보지 않는다. 불법에서의 '사망' 기준은 제8식이 몸을 버리고
떠난 상태, 즉 온몸이 싸늘하게 식었을 때를 말한다.(식이 떠남 →
몸이 식음 → 수명이 다함)

그렇다면 숨이 끊어지고 나서 온몸이 완전히 식을 때까지는
시간이 얼마나 걸릴까? 그 시간은 일정하지가 않다. 왜냐하면

라 하는데, 이 종자에서 일체 만상이 생기는 것, 혹은 그렇게 생긴 법(現行
法)을 현행이라 한다.

영혼(神識)이 몸을 빠져나가는 시간의 더딤과 빠름은 그 사람의 일생 동안의 행실과 인품, 덕성 등과 직접적인 관계가 있기 때문이다.

지극히 착하거나 지극히 악한 사람의 경우는 빠져나가는 시간이 굉장히 빠르고, 보통사람의 경우는 비교적 느린 편이다. 빠른 자는 굉장히 빨라서 숨이 끊어진 지 얼마 안 되어 온몸이 완전히 식어버리는가 하면, 더딘 사람은 엄청 더뎌서 숨이 끊어진 뒤에도 24시간, 심지어 이틀이나 사흘이 지나서야 비로소 싸늘하게 식는다. 그러나 대부분의 사람들의 경우는 숨이 끊어진 뒤 몇 시간에서 24시간 이내로 몸이 완전히 차갑게 식는다.

의학계의 통계에 의하면 숨이 끊어진 뒤에 체온이 한 시간마다 1도씩 떨어진다고 하는데, 이 역시 대략적인 얘기일 뿐 사람마다 다 그런 것은 아니다.

불법의 입장에서 말하자면, 전신이 아직 완전히 식지 않았다면 제8식은 아직 몸을 떠나지 않았음을 의미한다. 그렇다면 아직은 '명종'이 아닌 '임종' 단계에 속하는 것이다.

3. '임종' 단계에서 8식들의 작용은 어떠한가?

대답: 우리들 일생에서 생명의 과보가 곧 끝나려고 할 때에는 먼저 숨이 끊어지게 되고, 그 다음에 제8식이 더 이상 이 몸을 두루 집수執受하지 않게 된다. '그러므로 부분적으로 버리게 되니, 버리는 부위에 따라 차가운 촉감이 생겨난다(故分分捨 隨所捨處 冷

觸便生)(『유가사지론』)'고 하는 것이다.

어떤 사람의 경우는 몸의 윗부분부터 식기 시작하고, 어떤 경우는 아랫부분부터 식기 시작하며, 계속해서 맨 마지막 부분까지 식었을 때에 제8식이 비로소 몸을 완전히 떠나게 되고 비로소 더 이상 이 몸을 집수하지 않게 된다. 하지만 그 이전에는 제8식이 국부적인 근신에 대하여 여전히 집수 작용을 하고 있다.

그리고 제8식이 아직 남아 있다면 제7식도 당연히 남아 있을 것이다. 7, 8식이 아직 존재한다면 제6식도 여전히 작용을 할 가능성이 있는데, 왜냐하면 제6식이 현행을 일으킬 때 의지해야 할 인연이 매우 적어서 가장 쉽게 일어날 수 있기 때문이다.

지극히 심한 졸도와 지극히 깊은 수면, 그리고 무상정(無想定: 색계의 사선천)에 드는 것을 제외하고 제6식은 항상 끊임없이 작용을 하고 있으며, 일반적인 수면 중에도 몽중의식夢中意識은 여전히 현행을 일으킨다.

'임종' 단계에서 보통사람들의 의식은 혼미하고 흐릿한 상태에 빠지게 되는데(특히 숨이 끊어진 뒤), 이는 지극히 심한 졸도와 지극히 깊은 수면 상태와 유사한 것 같지만, 의식이 전혀 없는 것은 아니고 또한 제6식과 상응하는 모든 심소(心所: 마음의 부수작용)들이 전부 작용하지 않는 것도 아니다.

예컨대, 아견我見 심소와 자체애(自體愛: 자신의 몸뚱이를 애착하는 마음)는 반드시 제6식과 상응하여 끊임없이 일어날 것이다. 이 외에도 그 사람에게 지극히 굳건한 '소원'이 남아 있다면, 이

단계에서도 그 소원은 여전히 끊어지지 않고 남아 있다. (어떤 사람들은 이때가 되면 6식의 작용이 전부 멈춰 있을 거라고 생각하는데, 이것은 잘못된 견해다.)

그리고 신식身識에 관하여 말하자면, 제8식이 집수 작용을 부분적으로 버리기 때문에 버려지는 부위마다 차가운 촉감이 생겨나고 신근身根이 따라서 파괴되므로, 신식도 당연히 현행을 못하게 된다. 그러나 다른 곳에 아직 체온이 남아 있고, 신근이 파괴되지 않았다면 신식은 여전히 작용을 일으킬 수 있다. 다시 말해, 아직 통증을 느낄 수 있다는 것이다. (어떤 사람은 이때가 되면 아무런 통증이 없을 거라고 하는데, 이것은 잘못된 견해다.)

따라서 신체에서 일부 부분적으로나마 아직 체온이 남아 있다면, 전6식識의 작용이 완전히 멈춰서 전혀 지각知覺이 없다고 말할 이유는 없다.

실제 사례를 보더라도 어떤 사람은 숨이 끊어진 지 몇 시간 뒤에 먼 곳에 사는 친족이 도착하자 코에서 피가 나오거나 눈물을 흘리는 등의 경우가 있었고, 어떤 사람은 (숨이 끊어진 상태에서) 법문을 듣고 나서 감동하여 눈물을 흘리는 경우도 종종 볼 수 있었다.

최근에 「중국시보中國時報」의 '중부신문' 판에서는 풍원豊原의 재해 지역에서 일어난 실제 사건 기사 하나를 보도하였다.

……

아재阿財와 소방小芳은 1999년 9월 14일 날에 혼인을 하기로

서로 약속했으나, 7일 뒤인 9월 21일에 대지진을 만나 풍원시 남양로에서 살던 소방이 그만 변을 당하고 말았다. 아재는 영안실에서 마지막 만남을 하며 소방에게 말했다.

"내가 널 보러 왔어."

그때 갑자기 소방의 코에서 피가 흘러나왔다. 흐르는 눈물을 참을 수 없었던 아재에게 소방의 어머니가 옆에서 위로를 해주셨다. 아재는 소방의 귓전에다

"꼭 너와 결혼할거야. 그리고 널 대신해서 어머님을 잘 모실께"라는 말을 반복하였다.

이때에 다시 한 번 핏물이 흘러나왔다. 아재는 소방이 들었음을 알았다.

……

이와 같은 유사한 실례는 너무 많아서 일일이 다 들 수 없다.

4. '임종' 시에 영접하러 오신 부처님을 뵙고, '명종命終'할 때 극락왕생을 한다는 것은 무슨 이치인가?

대답: 중생의 수명이 다하려 하고 식이 몸을 떠나려는 순간의 마음 상태를 '난심위亂心位'라고 부른다. 왜냐하면 이때는 6식은 작용하지 않고(6식의 작용이 진정으로 완전히 멈춘 상태가 바로 이때다) 오직 7, 8식만 남게 되는데, 평소에 지휘하며 주인노릇을 하던 제6식이 이미 현행을 하지 않는 이상, 8식의 밭 속에 있던 업종자業種子들이 어지러이 일어나려는 것이 마치 한 나라에 진정

한 왕이 없으면 난신적자亂臣賊子들이 전부 들고 일어나는 것과 같기 때문에 '난심위'라 부르는 것이다. (제8식에 저장된 업종자가 어지러이 일어나려고 하는 입장에서는 '난심위'라 부르고, 전6식이 전혀 작용을 하지 않는 측면에서는 '민절무심위悶絶無心位'라 부른다. 그리고 이 시간은 긴 경우도 있고 짧은 경우도 있는데, 업장이 두터우면 길고 업장이 가벼우면 짧다.)

이때는 대체로 가장 강력한 힘을 지닌(인연이 무르익은) 업종자가 먼저 현행을 한다. 그리고 이 업종자가 (六道 중에서) 어느 도道와 상응하는가에 따라서 제8식 가운에 그 도의 과보무기종자果報無記種子의 현행을 감응하여 그 도의 중음신中陰身을 형성하게 된다. 이 중음신이 형성된 후에 인연 있는 부모의 정자와 난자가 결합하는 순간을 기다렸다가 모태에 들어가게 되는데, 이것을 '이제(二淸: 수컷의 정자와 암컷의 난자)를 끌어당긴다(攬二淸)'고 부른다.(태생의 경우만 해당)

따라서 삶과 죽음 사이의 관건은 '난심위'에 있는 것이다. 만약 이 순간에 업종자가 일어나지 않고 부처의 종자(佛種子)가 현행을 하도록 할 수 있다면, 시작도 없는 오랜 세월(無始劫) 이래의 생사윤회는 이것으로 끝나게 될 것이다.

하지만 일반 중생들과 수행자들이 견사혹업見思惑業*을 말끔

---

* 견사혹업見思惑業: 견혹見惑과 사혹思惑으로 인해 지은 업. 혹惑은 번뇌를 뜻한다. 견혹은 그릇된 이치로 분별하여 일으키는 번뇌이고, 사혹(修惑이라고도 함)은 탐욕과 성냄 등과 같은 감정적인 번뇌이다.

히 다 끊지 못했다면 '난심위'에서 반드시 업종자가 현행을 하게 된다. 왜냐하면 이 순간에는 제6의식이 이미 현행을 하지 못하므로 전혀 자신의 뜻대로 결정할 수 없기 때문이다.

오직 정토행자만이 설사 혹업惑業을 끊지 못했더라도, 만약 '임종' 시에도 여전히 믿음과 발원이 있어 정토에 왕생하기를 원한다면 아미타불의 크신 서원과 감응을 이루게 되고, 바로 아미타불과 여러 성중들이 때맞추어 나타나 접인해 주실 것이며, 위로하고 인도해 주실 것이다.

이때에 이 중생은 '난심위'에서 어지럽지 않고(즉 '난심위'를 거치지 않음), '명종(목숨을 마침)'하여 식이 몸을 떠날 때에 업종자가 일어나지 않고 부처의 종자가 현행하여 곧바로 극락세계에 왕생하게 된다. 따라서 '임종' 단계에서 믿음과 발원을 갖춘 정념(信願正念)을 유지할 수 있는가의 여부는 부처님을 뵙고 왕생할 수 있는가를 결정하는 중요한 관건이 된다.*

5. '임종' 때 조념을 하는 요령은 무엇인가? 망자의 신체를 옮기거나 장기를 채취해도 되는가?

대답: 한 사람이 '임종'의 단계에 이르면 여덟 가지 괴로움으로 들끓고, 공포와 두려움으로 허둥거리게 된다. 또한 혼미하고 미혹하고 전도되어 업식業識이 망망茫茫한 상태가 된다. 이 순간이

---

* 이에 대한 더 자세한 내용은 서현 스님의 번역, 『정토수행의 나침반』(2013, 삼보제자)에 수록된 오총룡 법사의 「정토도언淨土導言」을 참고.

되면 정념正念을 잃어버리기는 쉽고 유지하기는 어렵다. 따라서 그 사람이 정념을 유지할 수 있도록 돕기 위해서는 반드시 지혜롭게 위로하고 이끌어 줘야 하며, 신중을 기울여 보살피고 정성을 다해 간절한 마음으로 조념을 해야 한다. 절대로 옷을 갈아입힌다거나 자리를 옮기는 등의 행동을 해서는 안 된다.

이때에는 7, 8식이 아직 몸을 떠나지 않았고, 제6식과 신식身識 역시 아직 현행을 하므로 여전히 지각 작용이 남아 있다. 이때 (임종자를) 한 번 번거롭게 움직이면, 그 고통을 참기가 어려워 염불念佛은 고사하고 오직 아픈 것만 생각(念痛)하게 될 것이다! 게다가 아프면 화내는 마음이 일어나기가 쉬워서 악도에 떨어질 확률이 매우 높은데, 어찌 부처님을 뵙고 왕생하는(見佛往生) 것을 논할 수 있겠는가! 이와 같은 수많은 사례들이 옛 경론과 전적 속에 실려 있으니, 신중하지 않으면 안 될 것이다.

그런데 만일 (이 상황에서 임종자의 몸을 갈라) 장기를 채취하게 되면 통증을 참기가 더욱 어렵기 때문에, 상당한 경지의 '인력(忍力, 삼매력)'을 성취하신 대보살이 아니라면 함부로 장기를 채취해서는 안 된다!

반드시 다시 한 번 환기시킬 것은, 많은 사람들이 '임종'이란 단지 숨이 끊어지기 전 단계일 뿐이고, 숨이 끊어진 뒤에는 '명종' 단계여서 식이 떠난 상태이므로 마음대로 시신을 옮기거나 장기를 채취해도 괜찮을 거라고 쉽게 생각하는데, 이것은 대단히 잘못된 견해이다.

앞에서 언급했듯이, 숨이 끊어진 뒤에 몇 시간 내지 24시간이 지나야 비로소 식이 몸을 떠나는 경우가 상당히 많다. 따라서 조념 시간으로는 숨이 끊어진 뒤 24시간 동안 지속하는 것이 가장 바람직하고 온당하다.

상황이 여의치 않다면 최소한 8시간이 지나서 소렴(小斂: 12시간에서 24시간이면 가장 좋음)을 하고, 24시간이 지난 뒤에 대렴(大斂, 입관 또는 냉동실 보관)을 하며, 화장은 반드시 7일이 지난 뒤에 진행해야 한다.

실제의 조념 경험에 의하면, 숨이 끊어지는 순간에 부처님의 영접을 받은 연우(蓮友, 함께 염불하는 도반)가 있는가 하면, 숨이 끊어진 뒤 6시간 내지 12시간이 지나서야 부처님의 영접을 받은 경우도 있고, 24시간 이상을 지나는 경우도 종종 볼 수 있다는 것이다.

몇 가지 사례를 들자면, 숨이 끊어진 뒤 24시간쯤 되었을 때에 따뜻한 기운이 정수리에 모이면서 하얀색 기체를 발산하는 경우도 있고, 또는 친척과 벗들의 눈에 그 사람이 연화대에 올라서 서방삼성西方三聖을 따라가는 모습이 보이기도 하는 등 왕생의 상서로운 모습(瑞相)이 아주 뚜렷하게 나타나는 경우가 많다는 것이다.

이상을 통해 볼 때, 숨이 끊어진 뒤 24시간 내에는 전부 '임종' 단계임을 알 수 있으니, 반드시 마음을 하나로 모아 (임종자를 위해) 조념하고 보살펴 줘야 할 것이다!

그리고 또 반드시 설명을 해야 할 것이 있다. 현대의학에서 장기를 채취하는 시기는 대부분 뜻밖의 사고(교통사고 등)를 당해서 뇌에 손상을 입었을 때에 의사로부터 '뇌사' 판정을 받은 직후이다. 이때 곧바로 몸을 갈라 장기를 채취하는 수술을 받게 되는데, 그때에도 심장박동과 호흡은 아직 멈추지 않은 상태이다.

불법에 근거하여 말하자면, 심장박동과 호흡이 멈춘 상태라 할지라도 (목숨이 다한) '명종命終'이라 할 수가 없는데, 하물며 '뇌사' 상태를 어떻게 '명종'이라고 말할 수 있겠는가?

6. 정토행자들의 관점에서 '장기기증'에 대한 입장은 무엇이며, 언제 기증하는 것이 가장 적합하다고 생각하는가?

대답: 불교를 배우려면 수증도경(修證途徑: 수행의 순서와 경로)을 분명하게 연구해야 하고, 대승의 보살행을 닦으려면 진정한 대승의 보살도를 제대로 이해해야 한다. 만약에 이치를 분명하게 잘 모르고, 맹목적으로 앞으로 그냥 나아가기만 한다면 열에 다섯 쌍(열)은 잘못될 것이다.

대승의 수행자에 대해 말하자면, 비록 처음부터 대보리심을 발하여 모든 중생을 구제하고자 하는 서원을 세우더라도, 즉 다만 보리심을 발하는 것은 얼마든지 높고 원대하고 넓고 크게(高遠廣大) 하더라도, 실제 수행에 있어서는 여전히 순서대로 하나하나 진행해 나가야 한다. 이른바 "자신을 제도한 뒤에야 비로소 남을 제도할 수 있으니, 자신도 구제하지 못하면서 남을 구제한다는 것은 전혀 이치에 맞지 않다"는 것이다.

예컨대, 물에 빠진 사람을 발견했을 때 자신도 수영을 할 줄 모르면서 무작정 물에 뛰어들어 사람을 구하려 한다면, 오직 둘 다 함께 빠지는 결과만 있을 뿐이다. 따라서 보살은 큰마음(보리심)을 일으키고 나서는, 먼저 자신의 개인 수행에 몰두해야 한다. 견사번뇌(견혹과 사혹)를 끊어(최소한 견혹을 끊어야 함) 다시는 삼계의 고해苦海 속에 침몰하지 않을 때까지 이해와 실천을 함께 병행하여 나아가야(解行幷進) 하고, 계율과 교법에 모두 급할(戒乘俱急: 계를 엄중히 가지며 부처님의 교법 듣기를 좋아함) 것이며, 지와 관을 동시에 닦고(止觀雙修), 선정과 지혜를 균등히 해야 한다(定慧均等). 그런 다음에야 비로소 물에 빠진 중생을 건지겠다는 말을 할 수 있을 것이다.

정토행자가 정토왕생을 하려는 것은 바로, 빨리 견사번뇌를 끊고 신속히 무생법인을 성취하여 신통과 도력을 갖춘 다음에, 다시 원력의 배를 타고 와서 널리 중생구제를 하고 모든 중생들에게 자비의 배가 되기 위함이다.

따라서 '임종' 때의 정념은 부처님을 뵙고 왕생을 결정짓는 대단히 중요한 순간이므로, 정토행자는 있는 힘을 다하여 정념을 보호하고 유지하며, 지혜롭게 위로하고 인도해야 한다. 그래서 정토행자들은 이 중요한 순간에 장기를 채취하고 심신을 번거롭게 움직이는 것을 주장하지 않는다는 것이다.

만약 자비심이 넘쳐서 간절히 장기기증을 원하는 사람에게 장기기증을 하고자 한다면, 마땅히 신체가 건강하고 정신력이 강할 때 수술을 받아야 할 것이다.(예컨대 두 신장 중에 하나를 기증하는 것) 이것이 요즘 말하는 '생체기증'이다. 그리고 과학이 발전한 요즘에는 '인조장기'를 사용하는 추세로 나아가는 듯한데, 만약에 순조롭게 진전이 된다면 인체장기의 부족에 따른 문제들도 해결될 것이다.

7. 근래에 어떤 사람들은 정토종에서 '임종' 시에 장기기증을 권장하지 않는 것에 대하여 비난을 하고 있는데, 이에 대해서는 어떻게 보는가?

대답: 요즘 사람들은 어떠한 깨달음과 증득도 없을 뿐만 아니라 교리조차 제대로 알지 못한다. 게다가 임종자들을 위한 조념과 위로, 지도에 대한 실무 경험도 부족하다. 그럼에도 불구하고 잘못된 견해(邪見)는 깊고도 견고하고, 아만我慢의 산은 하늘같이 높아서 늘 혼자 똑똑한 척하면서 함부로 주장을 내세워, 정토종의 고덕들이 정토의 교법을 널리 전하는 법도를 무시하고 있다.

정토종의 조사들은 교리에 밝을 뿐만 아니라 깨달음의 경지가 심오하다. 게다가 실제로 조념과 위로, 지도에 직접 참여하여 경험이 풍부하고 견문이 넓으므로 정토종의 이(理: 이치)와 사(事: 구체적 현실)에 대하여 주도면밀하고 철저히 연구하셨다는 사실을 그들은 모르고 있다.

천수백년 이래 대대로 전승되고 더욱 발전되어, 완벽하게 갖추어진 정토종의 규범 체계가 형성된 것이므로, 이러한 점은 절대 요즘의 범부들이 함부로 헤아리고 의논할 수 있는 것이 아니다! 속담에 "직종(직업의 종류)이 다르면 산이 가로막혀 있는 것과 같다(隔行如隔山)"는 말이 있다. 그런데 하물며 아직 취직조차 못했는데 회사 문 밖에서 배회하는 사람이겠는가!

그러므로 우리는 진실로 신중히 생각하고 명확히 판단하여 진실(法)을 택할 수 있는 안목을 갖추어야 할 것이다.

정토종 고덕들의 은혜(恩澤)가 이처럼 가없이 넓고 클진대, 만약 역대 조사대덕들이 힘써 닦고 홍포하지 않았다면, 오늘날 우리가 어떻게 정토의 바른 길을 알고 수승한 이익을 얻을 수 있겠는가!

그래서 매번 불칠법회(佛七法會: 일주일간의 염불 집중수행)를 마치고 나면 항상 일심으로 시방제불과 역대 조사 스님들께 정례를 하는 것에는 참으로 깊은 뜻이 담겨 있는 것이다. 하지만 오직 진정으로 이익을 얻은 자만이 비로소 진심으로 그 은혜에 감사할 수 있는 것이다!

고덕의 말씀에 "무간지옥의 업을 짓지 않으려면 여래의 바른 법륜을 비방하지 말라"라는 말씀이 있다. 석가여래 일대기의 성스러운 가르침 가운데는 정토법문의 유통을 가장 적극적으로 권장하고 찬탄하셨으니(대장경의 3분의 1이 정토법문), 참으로 "수많은 경론의 도처에서 (정토로) 돌아갈 것을 가리키고, 앞선 성현들이 저마다 (정토를) 향하여 나아가는구나!"인 것이다.

정중히 권고하건대, 요즘 사람들로서 만약 자신이 정토와의 인연이 무르익지 않아서 정토왕생을 원치 않으면 그만이지만, 절대 멋대로 비방하고 헐뜯거나 전문가를 사칭하여 함부로 법도를 바꿔서는 안 된다.

만약 이를 듣지 않고 중생의 혜명慧命을 해친다면 그 죄보는 끝이 없을 것이다. 그러나 "고민을 안 해본 사람에게 고민을 말하지 말라. 고민을 말해본들 어찌 알랴!"라는 말이 있으니, 모든 사람들이 "고민을 알기(知愁)"를 간절히 바라는 바이다.

4. 염불의 열 가지 뛰어난 이익

1. 밤낮으로 항상 모든 제천대력신장의 보호를 받는다.

2. 항상 관세음보살을 비롯한 25분의 대보살들의 보살핌을 받는다.

3. 항상 여러 부처님들께서 밤낮으로 호념하시고 아미타부처님께서 항상 광명을 발하여 염불하는 이를 섭수하신다.

4. 모든 악귀나 야차나 나찰들이 해를 가할 수 없으며, 독사나 독약이 모두 기능을 잃는다.

5. 수재나 화재나 원한을 품은 무리들의 앙갚음이나 전쟁의 피해나 감옥에서 비명횡사를 당하지 않는다.

6. 지난날 지은 죄업이 모두 소멸된다.

7. 밤에 길몽을 꾸거나 아미타불의 수승하고 묘한 금색 상호를 뵙게 된다.

8. 마음이 항상 기쁨으로 가득하고, 안색에 광택이 나며, 기력이 충만하고, 하는 일마다 이롭다.

9. 영원히 악도를 떠나 선도에 태어나되 용모 단정하고 타고난 자질이 출중하며, 복록이 수승하게 태어난다.

10. 명이 다하는 임종 시에 마음에 공포가 없으며, 정념이 나타
    나며, 서방삼성께서 금강대로 영접하여 극락정토에 왕생하며,
    연화에 화생하여 수승하고 묘한 즐거움을 누린다.

5. 대비수大悲水를 구하는 법과 복용법

삼보제자로서 우선 구업을 정갈하게 하고 경건하고 정성스러운 몸가짐을 하는 불자는 누구나 대비수를 빌어 얻을 수 있고, 또 대비수로 많은 질병을 치유할 수 있으며, 뿐만 아니라 대비수를 보시하여 많은 중생과 좋은 인연을 맺을 수 있다. 대비수를 구하는 방법은 다음과 같다.

1. 먼저 불단 앞에 향을 피우고 정례를 한다.
2. 마실 수 있는 깨끗한 물 한 잔을 불전에 올리고 정례를 한다.
   (이때 물의 양은 많고 적고 상관이 없다.)
3. 헌향게를 외운다. (또는 향찬)
4. 「정구업진언」을 외운다.
5. 「나무대자대비구고구난광대영감관세음보살」을 1번 외운다.
6. 「천수천안무애대비심다라니」라고 3번 외운다.
7. 대비주를 49회 외운다.
8. 「보궐진언」을 외운다.
9. 「나무대비관세음보살」을 10번 외운다.

위와 같이 기도를 하여 얻은 대비수는 부처님의 위신력에 의탁된 물이므로, 능히 크고 작은 까닭 모를 질병들을 치유할 수가 있다.

이 대비수를 마시는 사람은 반드시 육식을 피하고 입을 깨끗이 하고, 먼저「나무대비관세음보살」을 열 번 외운다.(만약 어린이나 혹은 환자로서 소리를 내어 외울 수 없을 때에는 관계있는 사람이나 함께 자리한 사람들이 환자를 대신하여 염念해도 된다.) 염불을 하고 난 후 마시면 즉각 효험이 나타난다.

만약 이 대비수를 마시는 사람이나 혹은 그 가족들이 능히 발원하여 방생을 하거나, 혹은 매월 며칠이라도 정해놓고 채식을 하면 그 공덕이 커서 효험이 더욱 두드러진다. 만약 남몰래 큰 덕을 닦은 선지식이 공을 들인 대비수가 있다면 그 대비수의 공력은 무한량이며, 그분이 보시한 공덕 또한 한량이 없다. 이때 그 발심자의 공덕 여하에 따라 그 대비수의 공력도 정해진다.

● 회향게

원컨대 이 공덕 무진법계에 회향하오니,

우리와 모든 중생들이

마땅히 극락왕생하여 함께 아미타불 친견하고,

다 같이 부처 이루어지이다.

願以此功德　普及於一切　我等與衆生

當生極樂國　同見無量壽　皆共成佛道

● 장엄염불 게송

티끌같이 많은 중생의 마음을

모두 다 헤아릴 수 있고,

큰 바다의 물도 다 마셔버릴 수 있으며,

허공에 가득한 바람을 다

묶어 둘 수 있다 하여도,

부처님의 공덕을 다 설명하기는 불가능하다네.

刹塵心念可數知　大海中水可飮盡

虛空可量風可繫　無能盡說佛功德

극락삼성의 공덕의 무더기는

온 세계의 티끌, 모래 수를 넘고 허공계 같이 크나니,

시방세계 모든 부처님들께서 그 공덕 찬탄하심이

진겁에 이르더라도 조금도 다 설명하실 수 없다네.

三聖所有功德聚　數越塵沙大若空
十方諸佛咸讚嘆　塵劫不能窮少分

● 왕생게 往生偈

원왕생 원왕생, 극락에 왕생하여
아미타불 친견하고 마정수기 받기 원하오며
願往生 願往生 願生極樂見彌陀 獲蒙摩頂受記別

원왕생 원왕생, 아미타불회상에 참례하여
항상 향과 꽃을 공양 올리기 원하오며
願往生 願往生 願在彌陀會衆座 手執香華常供養

원왕생 원왕생, 극락의 연화장세계에 왕생하여
자타가 일시에 성불하여지이다.
願往生 願往生 願生華藏蓮華界 自他一時成佛道

역자 후기

나무아미타불!

"끝이 좋으면 모든 것이 좋다(Ende gut Alles gut)"는 서양 속담이 있습니다. 인생은 죽음으로 끝을 맺습니다. 따라서 죽음이 좋으면 그 사람의 모든 것이 좋다고 말할 수 있습니다.

물론, 우리 중생의 실상實相은 영원한 생명 그 자체이므로 여기에는 태어나고 죽는다는 말조차 붙일 수 없지만, 그러한 구경究竟의 이치를 지식으로만 알고 있을 뿐, 실제 육체의 죽음에 임하여 그러한 이치를 현실적으로 시현할 수 있는 깨달음과 수행력을 갖춘 사람이 지극히 드문 것이 우리 사바 중생계의 현실입니다.

그렇다면 우리는 죽음에 대한 정확한 이해와 대처 방법을 사전에 확실히 갖추고 임종 시에 잘 대처하여 극락왕생을 염원하시는 분들은 원대로 이루고, 아직 서방정토와 인연이 적은 분들도 악도에 떨어지지 않고 원처願處에 다시 몸을 받도록 해야 할 것입니다.

그리고 전혀 불교와 인연이 없거나 타종교를 믿고 있는 분들도 마찬가지로 미리 준비해 두어 임종 시에 겪게 될 극심한 고통을 완화하면서 가급적 임종인이 원하는 대로 인도환생人道還生하거나 승천昇天하게 된다면 이보다 더 좋은 끝맺음이 어디 있겠습니까.

물론, 임종 시 최상승의 방도는 육체의 죽음과 동시에 서방정토 극락세계에 왕생하는 일인데, 그렇게만 된다면 우리는 그곳에서 곧바로 불퇴전지不退轉地에 올라 성인聖人의 반열에 들며 무량한 법락法樂을 향유하게 될 것이니, 육체의 죽음은 삶의 끝이 아니라 성불成佛을 향한 확실한 출발점에 서게 됨을 의미합니다. 그러니 그 공덕을 어찌 말로 다 하겠습니까?

그런데 우리는 불행히도, 임종 시에 임종인이 느끼는 육체적 고통이 극심하다는 것, 평소 수행을 열심히 하던 사람도 마지막 임종 시에는 집중된 염불심이나 선정禪定 상태를 유지하기가 심히 어렵기 때문에 임종인은 반드시 친족이나 도반들의 조념염불助念念佛을 받아야 한다는 것, 환자의 호흡과 맥박의 정지 시점으로부터 짧게는 8시간, 길게는 며칠이 지나야 전5식前五識으로부터 6·7·8식識의 순으로 영혼이 육체에서 완전히 벗어나기 때문에 그 시간 동안에는 절대로 시신을 만지거나 이동시켜서는 안 된다는 것 등 죽음과 그 대처 방법에 대한 이해가 전혀 없습니다.

그 결과, 임종 직전에 급히 환자를 병원으로 옮기거나, 임종 직후 곧바로 냉동실로 시신을 옮기는 일이 정해진 순서처럼 행해지고 있습니다. 이로 인하여 임종인은 더더욱 극심한 고통을 겪게 되고, 그 결과 임종인이 바른 염불심을 유지할 수가 없어 극락왕생을 할 수 없음은 물론, 고통의 순간 극악심極惡心이 일어나 삼악도(지옥·아귀·축생)에 떨어지는 경우가 아주 많다고 합니다.

그리고 친족의 장례를 마치 생자生者의 재력이나 왜곡된 효심을 대외적으로 과시하는 데 이용하는 경우도 많이 있습니다. 최근 우리 사회에서 한 벌에 4천만 원을 호가하는 금金으로 치장된 수의壽衣가 100벌 이상 팔려 나갔다고 합니다.

이러한 행위는 망인과 생자의 복을 다함께 깎아 장래 곤궁과 재앙을 불러오는 자해행위이며, 사회구성원 간에도 불화를 조장하는 매우 불미스런 일입니다. 이런 사람이 청정미묘한 극락에 왕생하기가 지극히 어려움은 재론의 여지가 없습니다.

장구한 역사를 통하여 정토신앙이 광범위하게 확립되어 온 중국에서도 죽음에 대한 이해 부족과 부적절한 대처로 평소 신실하게 염불을 해오던 분들조차도 임종에 이르러 가족들의 통곡 소리나, 가족들의 임종인에 대한 무분별한 신체 접촉과 침처寢處 이동 등으로 인한 고통으로 염불심을 잃고 왕생극락하지 못하는 경우가 아주 많다고 합니다.

반면, 평소 불교와 전혀 인연이 없었던 사람이 임종 시 좋은 인연으로 조념염불의 도움을 받아 왕생극락하는 희유한 공덕을 성취한 예도 종종 있다고 합니다. 그러니 임종 시의 적정한 대처가 얼마나 중요한지는 더 설명할 필요가 없을 것입니다.

그런데 이 책에 수록된 인광 대사의 「임종삼대요臨終三大要」와 홍일 대사의 「인생의 최후(人生之最後)」에는 죽음에 대한 정확한 이해와 왕생극락의 요령이 간결하면서도 쉽게 설명되어 있습니다.

두 분 대사님의 지극한 자비심의 발로입니다. 우리가 위 법어대로만 실행한다면 만수만인거萬修萬人去의 공덕을 성취할 것임은 의문의 여지가 없습니다.

이 「임종삼대요」와 「인생의 최후」 한글번역문은 원조 각성圓照覺性 큰스님의 대자비의 섭수가 아니었다면 출간되지 못했을 것입니다. 큰스님께서는 항상 바쁘신 중생교화 일정 중에도 대자비로 저의 간청을 거두어 주셨고, 초고 번역문 전체에 걸쳐 자상하게 교정해 주셨으며, 서문까지 지어 주시면서 그 속에 임종에 관한 귀중한 법어法語도 내려 주셨습니다. 만겁불망의 큰 은혜에 깊은 감사와 함께 정례 올립니다.

그리고 저의 초고 번역문에 대한 1차 교정을 자상스럽게 보아 주셨고, 원래의 책 『임종삼대요』에는 없던 정토영험 전문을 번역하여 본서에 첨부하도록 자비를 베풀어 주신 만법萬法 김상근金相根 거사님께 깊은 공경심을 기울여 감사의 배례를 올립니다.

아울러 일찍이 정토염불에 뜻을 두시고 대만에 유학하여 담란 대사-도작선사-선도화상으로 이어지는 정토법맥을 전수받고 귀국 후 소위 '순수정토' 법문을 널리 펼치고 계신 서현 스님께

서는 '정토영험 사례'와 '조념법요집', '장기기증에 관한 법문'을
번역하셔서 아무 조건 없이 본서에 첨부할 수 있도록 흔쾌히 허
락해 주셨습니다. 스님께 깊은 감사와 함께 정례 올리며, 앞으로
우리나라 정토불교 홍양을 위하여 큰 역할을 해주실 것을 권청
올립니다.

그리고 불서의 간행으로 불법홍포에 헌신하고 계신 운주사 김
시열 사장님께도 깊은 감사의 합장을 올립니다. 아직은 정토불
교 관련 서적이 많이 읽히지 않는 현 상황에서 본서의 출간을 흔
쾌히 수락하여 주신 데 대하여 재차 감사드리며 출판사의 무궁
한 발전을 기원합니다. 그리고 본서의 편집을 위하여 많은 수고
를 해주신 임헌상 거사님께도 심심한 고마움을 표합니다.

말미에 몇 가지 밝힐 점은, 이 책은 원래 전국 연우蓮友님들의
보시로 2006년 10월부터 현재까지 법보시 출판사인 '삼보제자'
와 '연지해회'를 거치면서 약 2만여 부가 전국에 배포되었으나,
무가無價 보시판과 인연이 없는 분들에게도 불법의 이익을 고루
나누기 위하여 유가有價로 출간하게 되었음과 그 판매로 얻는 인
세는 전액 법보시 등으로 다시 널리 베푼다는 점입니다.

끝으로 우리나라에서도 전미개오轉迷開悟, 구경성불究竟成佛의
첩경捷徑인 정토불교가 널리 널리 확고하게 자리 잡고, 경향 각
지에 조념염불단助念念佛團이 무수히 결성되어 서로서로 왕생을

도와주는 수승한 공덕 짓기를 삼보 전에 발원하면서, 중국 연종 12조 철오 선사(徹悟禪師, 1741~1810)께서 정토법문의 핵심을 압축하여 지으신 게송 한 수를 독자 여러분들과 함께 염송하면서 출간 인사를 마치고자 합니다.

진위생사眞爲生死　발보리심發菩提心
이심신원以深信願　지불명호持佛名號

정말로 생사를 끊으려 한다면
보리심 일으킨 다음
깊은 신심과 간절한 왕생원 갖추고
지극정성 아미타불의 명호를 칭념하여야 한다네.

불기 2558(2014)년 3월
서정西定(朴丙圭)은 참회하며 삼가 씁니다.

일체중생 원생극락
나무아미타불

번역 ─ 서정西定 박병규朴昞奎

1960년 강원도 영월에서 출생하였으며, 건국대학교 법과대학 및 대학원을 졸업한 뒤, 1992년 사법연수원을 수료하고 변호사로 일하고 있다. 20대 초반부터 금강경을 수지 독송하며 다방면으로 연구해 왔으며, 아울러 참선과 염불을 함께 수행하였다. 2008년부터는 '연지해회'(인터넷 법보시 불서 모임)을 만들어 대표로 활동하면서 각종 불서를 번역, 간행하여 법보시로 배포하고 있다. 번역서에 『원영대사의 금강경 강의』, 『염불원통』, 『왕생불퇴』, 『정토생무생론』, 『원영대사의 보문품 강의』 등이 있다.

감수 ─ 원조 각성圓照覺性

전남 장성에서 출생하였으며, 해인사에서 득도하였다. 통도사, 범어사, 해인사 등에서 강주를 역임하였으며, 현재 동국역경원 역경위원 및 증의위원, 탄허불교문화재단 삼일선원 원장, 부산 화엄사 주지, 화엄학회 회주, 화엄학연구원 원장 등을 맡고 있다. 저서에 『능가경』, 『원인론』, 『열반경』, 『대도직지』, 『중용직지』, 『불조직지』, 『화엄경론 회석』, 『대승기신론 주해』, 『수능엄경 주해』 등 다수가 있다.

임종, 어떻게 맞이할 것인가

초판 1쇄 발행 2014년 6월 27일 │ **초판 3쇄 발행** 2021년 11월 10일
인광·홍일 **법문** │ 각성 **감수** │ 박병규 외 **옮김** │ **펴낸이** 김시열
펴낸곳 도서출판 운주사

(02832) 서울시 성북구 동소문로 67-1 성심빌딩 3층

전화 (02) 926-8361 │ 팩스 0505-115-8361

ISBN 978-89-5746-379-6 03220   값 12,000원

http://cafe.daum.net/unjubooks 〈다음카페: 도서출판 운주사〉